21世纪高校教师职业发展读本

SUPERVISING
THE DOCTORATE

给研究生
导师的建议

（第二版）

［英］萨拉·德拉蒙特
［英］保罗·阿特金森 著
［英］奥德特·帕里

彭万华 译
彭凯平 校

著作权合同登记号　图字：01-2005-5630

图书在版编目(CIP)数据

给研究生导师的建议：第2版/(英)德拉蒙特(Delamont, S.)等著；彭万华译. —北京：北京大学出版社，2009.6

(21世纪高校教师职业发展读本)

ISBN 978-7-301-14814-3

Ⅰ.给… Ⅱ.①德… ②彭… Ⅲ.研究生教育-研究 Ⅳ.G643

中国版本图书馆 CIP 数据核字(2008)第 200086 号

书　　　名：	给研究生导师的建议(第二版)
著作责任者：	[英]萨拉·德拉蒙特　[英]保罗·阿特金森　[英]奥德特·帕里　著
	彭万华　译　　彭凯平　校
丛 书 策 划：	周雁翎
丛 书 主 持：	张亚如
责 任 编 辑：	泮颖雯
标 准 书 号：	ISBN 978-7-301-14814-3
出 版 发 行：	北京大学出版社
地　　　址：	北京市海淀区成府路 205 号　100871
网　　　址：	http://www.pup.cn　　新浪官方微博：@北京大学出版社
电 子 信 箱：	zpup@pup.cn
电　　　话：	邮购部 62752015　发行部 62750672　编辑部 62753056
	出版部 62754962
印 刷 者：	北京虎彩文化传播有限公司
经 销 者：	新华书店
	650mm×980mm　16 开本　13.5 印张　182 千字
	2009 年 6 月第 1 版　2022 年 10 月第 12 次印刷
定　　　价：	49.00 元

未经许可，不得以任何方式复制或抄袭本书之部分或全部内容。

版权所有，侵权必究

举报电话：010-62752024　电子信箱：fd@pup.pku.edu.cn

前言与致谢

写这本书是一种自大的行为,因为没有人可以宣称知道如何成为一名成功的研究生导师,让学生在友好、正直、情感稳定的环境中顺利完成学业。研究生导师的自信能被一个"失败"摧毁:某个学生不能提交论文,或者其论文被评审人否决,或者某个学生一直表现不佳,但是规定的注册期限已到。我们选择写作本书是因为我们已经做了两个研究项目并且掌握了大量的研究生及其导师的数据,因为我们经历了英国研究生教育变革的时期,也因为我们觉得我们的经验值得分享。

当然,多年来我们已经从研究生那里学到了许多。保罗·阿特金森要特别感谢巴巴拉·亚当(Barbara Adam)、约翰·贝龙(John Beynon)、罗宾·巴顿(Robin Bunton)、阿曼达·科菲(Amanda Coffey)、玛吉·格雷戈里(Maggie Gregory)、安德鲁·劳埃德(Andrew Lloyd)、伊夫林·帕森斯(Evelyn Parsons)、安德鲁·皮特毫斯(Andrew Pithouse)、苏西·斯科特(Susie Scott)、斯图尔特·托德(Stuart Todd)、帕特森·塔瑞博罗里(Patricia Taraborrelli)和马特·威廉斯(Matt Williams)。萨拉·德拉蒙特感谢玛丽·达蒙妮(Mary Darmanin)、珍妮·皮克(Jane Pilcher)、米歇尔·兰罗斯(Michele Langlois)、大卫·皮尔森(David Pearson)、特丽萨·里斯(Teresa Rees)、珍妮·萨里斯伯里(Jane Salisbury)和苏·桑德斯(Sue Sanders)。保罗·阿特金森和萨拉·德拉蒙特已经指导了超过75篇20 000字左右的学位论文,其中包括硕士学位、研究型硕士和博士学位论文。他们已经在28所不同的英国大学和3所澳大利亚的大学评审硕士、博士学位论文,其中包括两个大学的教育博士(EdD)[①]论文。所有这些学生和同事都对本书中介绍的经验作出了贡献。自本书第一版出版以来,在卡迪夫(Cardiff),在从斯特灵(Stirling)到普利茅斯(Plymouth)的其他英国大学,在英国教育研究协会(BERA)的年度学术会议上,在经济与社会研究委员会(ESRC)

---

① 本书中"PHD in Education"译为教育学博士。

创立的社会科学研究学会中,萨拉·德拉蒙特在博士生的指导和评价方面又做出了大量关键性的进展。在卡迪夫和斯特灵,在芬兰,在美国教育研究协会(AERA)与澳大利亚和新西兰联合举行的教育研究学术年会上,以及在卡迪夫和巴斯思帕(Bath Spa)的两个暑期学校,我们也为研究生和EdD学生开办了专题讨论会。我们非常感谢所有参加课程的人,他们已经帮助我们理清了思路。我们也要感谢出版者提供的咨询专家和20位本书的使用者为我们填写了简短的调查问卷,他们都为这一版的推出提供了帮助。

在英国通过研究获得更高学位的人数在继续增长。在1996和2001年之间,每年授予博士学位的人数从10 214增加到14 115,增长了38%。因此,有更多的研究生指导工作要做。同时,提供专业博士学位的大学数也在增加:这是一种以课程项目为主的培养模式,课程结束后要写一篇博士学位标准的论文,但论文长度只相当于研究型硕士论文的长度。我们有一些指导专业博士学位攻读者的经验。专业博士学位中最著名的是EdD,但在社会科学领域也有其他的专业博士学位,如EngD。人文学科还没有相应的专业博士学位,在科学学科中也相对较少。关于专业博士学位论文阶段指导的问题尚未见许多研究,但已有的已被写入本书。自1997年以来,许多关于研究生指导和考核的新的研究成果已经发表,我们已经在本书中编排了这些内容。自本书第一版以来,我们在本书中广泛讨论的研究也发表在特定的学术期刊和专题文章中(Delamont, Atkinson and Parry, 2000)。ESRC通过两项基金资助了本书中提及的研究:"社会科学学科博士生的学术社会化"(T007401010)和"自然科学学科博士生的学术社会化"(R000233120)。我们要特别感谢研究委员会的支持。本书中的观点仅仅代表作者本人的观点,不代表ESRC的政策。我们感谢鲍勃·伯吉斯(Bob Burgess)和克里斯·波尔(Chris Pole)在两个项目执行过程中经常与我们进行讨论。

莎伦·比杰里(Sharen Bechares)和凯文·克里斯(Karen Chivers)为我们的原稿做了文字处理。安吉拉·琼斯(Angela Jones)在研究项目中整理了录音材料。梅尔·伊文思(Mel Evans)为本书第二版的出版做了大量工作,对所有这些我们都非常感谢。

章节标题和开篇的引文取自多萝西·塞耶斯(Dorothy L. Sayers)的《俗丽之夜》(Gaudy Night),其中包括许多关于学术生涯和研究中的风险的恰当评论。

目 录

1 绪论 ……………………………………………（1）
2 帮助学生尽快适应研究生角色 ………………（15）
3 引导学生合理设计与规划研究课题 …………（37）
4 如何撰写文献综述 ……………………………（53）
5 指导学生进行数据收集 ………………………（70）
6 激发学生的积极性 ……………………………（84）
7 提升导师和学生的判断力 ……………………（108）
8 为学生提供实用的论文写作建议 ……………（125）
9 帮助学生顺利闯关——评审和答辩 …………（147）
10 帮助学生自信地开始职业生涯 ………………（168）
11 如何挑选学生和构建研究文化 ………………（185）

参考文献 …………………………………………（199）
译后记 ……………………………………………（207）

1 绪论

> 那时我在弗兰博罗夫学院(Flanborough College)研究约克大学(York University)教授写的学术论文,有人送来了一篇很有意思的历史题材的文章。这篇文章的论点极具说服性,尽管我碰巧知道整篇文章都是相当不真实的。
>
> (Sayers, 1972:330)

在高等教育领域,指导研究生是一件让人十分有成就感的事情。看着一个新学者成长为一个独立研究人员,开展一个项目,记录研究结果,在学术会议上陈述报告,并看到他的第一篇论文公开发表,真是一种绝妙的体验。指导一个新的学者进入你所在的研究领域是一项极为有益的工作,同时,这项工作也使你的研究成果得以代代相传。我们写作此书的目的是分享成功指导研究生的喜悦,针对如何使学生更为成功提出建议,预测可能出现的各种问题,并提供有效的预防措施以及事后补救措施。尽管此书的目标读者是新任导师,我们仍希望经验丰富的导师能从此书中获益。我们认为优秀、愉快的指导基于自觉性,而非凭借直觉。本书总的指导思想是,成功的、令人愉快的高等学位指导源于坦诚,对你自身的坦诚,以及对学生的坦诚——坦诚地交流研究的程序和问题。指导过程中的许多问题都源于导师认为学生已经知道某事,但其实学生并不知道,或者学生已知某事,但导师认为其不知道。

我们按照一个研究生从开始研究生阶段的学习到通过答辩后的事业发展的整个过程来组织全书。虽然我们并不是完全遵照这一过程的先后顺序来安排各个章节,但是整本书仍是按照大体的时间脉络来展开的。因此,我们从如何保证学生有一个良好的开端开始,以与答辩之后学术生涯的发展相关的指导过程作为章节的结束。从第11章开始,我们讨论了博士生毕业后担任讲师的重要性,以及博士毕业生在学院中甚至整个大学中所扮演的角色。在我们对自己高水平的指导深感满意的同时,这些问题将引发我们更深的思考。本书的读者将敏锐地体会到表面的荣誉以及指导和管理研究生所带来的巨大压力:研究生的人数常常被视为学院甚至整个大学取得的成就的标志。当一个研究生顺利毕业时,这不仅仅意味着他(她)自身的成就,他(她)的导师也能分享成功的喜悦,并体会到作为指导者的自豪感。毕业率是十分重要的。各种研究委员会和艺术与人文研究理事会(the Arts and Humanities Research Board,简称 AHBR)是英国大学研究奖学金的主要提供单位,它们逐渐将高毕业率作为其评估学校的标准之一。在英国,从事研究的学生数目以及获得学位的学生数目被视为各个学院成就的证明,基金委员会对此定期进行研究水平评估(RAE),并将结果作为对学院和他们的大学进行资助的依据。

本书中我们将以案例来说明特殊的让人进退两难的矛盾处境及其解决方案。这些案例是我们的研究团队25年来遇到的导师和学生提出的棘手问题。这些棘手的问题十分常见,而我们则基于教员自身的发展和职业生涯的规划来陈述这些问题。我们希望这些案例对读者有所启发,并引发其他大学持续的职业发展的研讨。案例中的主题名称和其中的主角名字都是虚构的。我们将在下文中详细进行解释。

案例1.1 工作道德

卡珊德拉·瑞丽(Cassandra Reilly)博士在科学系任教。她说她所在的大学位于一个繁华的城市,夜生活十分丰富。有许多研究生都是"社交动物",而不愿花时间认真完成功课。卡珊德拉和教研组的其他同事并非主张禁欲主义的清教徒,但是他们希望研究生们能迅速地开始8小时的工作,而不是带着宿醉迷迷糊糊地进行研究。她不知道该如何教导学生遵守工作道德。在卡珊德拉看来,这些研究生们似乎对学习热情不高,也不愿为此付出过多时间,这使她十分困惑。

案例 1.2 写作障碍

来自休闲和旅游学院的埃德乌特·泰勒(Atwood Taylor)博士认为他最大的困扰来自于有写作障碍的学生,这种情况发生过不止一例了。比如目前劳拉里·赖特(Laurali Wright)正在写作关于文化旅游的论文。她采访了一百多对前来多瑙河旅游的情侣,并记录下了他们的兴趣和爱好。赖特已经写了文献综述和一个章节,但是现在却无法继续写下去了。泰勒博士说他一直不知道该如何帮助这样的学生。

案例 1.3 对古代史甚是"无知"的导师

赫里埃特·弗朗西(Henrietta Francey)博士是朱尔斯·哈尼斯特(Jules Harnest)的导师。赫里埃特说她试图表现得友好并尽力给予帮助,但是她并不了解朱尔斯所用的研究方法,也不了解他所研究的古帝国所处的地域。朱尔斯热衷于钻研古希腊医学中涉及鼻血的部分,也对一些学者使用电脑软件来研究古代文字的做法十分着迷。然而赫里埃特对希腊医学思想方面的文献并不熟悉,她也承认自己对于用 IT 技术研究古代史的做法了解甚少并充满怀疑。但是因为她所在的院系很小,而她的其他同事专注于希泰语、罗马建筑学或是早期的教堂,因此也找不到别的导师来辅导朱尔斯。赫里埃特自己是研究希腊的专家,但是她的主要兴趣是戏剧中与航海和海运相关的比喻手法的运用。赫里埃特并未读过朱尔斯研读的文献资料,但是她说朱尔斯公开地质疑她所能给予的帮助。赫里埃特询问研究小组她应该对古希腊医学进行多深的研究,以及她是否应该接受 IT 方面的课程。

当你和研究小组的组长听完类似这样的问题之后,可能会觉得顺利完成研究生导师的任务似乎是不可能的事情。这些可能并非你亲身经历过的事情。你可能会觉得一个导师对学生研究的相关课题所知甚少是难以想象的事情——在实验室中导师和学生之间存在这样大的差距的情况是十分罕见的。你也许难以接受"写作障碍"正在困扰着许多学生的这一事实。然而,这些问题,以及其他许多类似的问题,在院系中已经相当普遍。尽管你可能还没有遇到过这些问题,但是谁也无法保证这些问题将来不会发生。此外,如果你即将指导其他学院的学生,或者培训新导师,你会发现对这些问题的思考益处颇多。的确,这是英国研究生教育的局限性之一:传统的个体努力和师徒关系受到重视,而过程和结果不能被直观地反映出来。我们过于依赖过去的经验,而忽视了普遍的原则。此书的目的正是提供建议和忠告,以避免问题的发生,或者在问题发生的第一时间解决它们。我们并非仅仅把注意力放在学术指导中的"问题"和消极的方面。我们重申我们的观点,我们认为成功的指导能给人极大的满足感:导师与研究生之间成功的工作关系的发展是学术工作中的高峰之一。然而这种工作关系(不管结果如何成功)是随时间的推移而发展的,并且涵盖了学术研究的诸多方面。因此,完全一帆风顺、不存在争议的学术研究是十分罕见的。无论学生如何天资聪颖,导师如何卓越出色,研究的进展都依赖于切实的工作和对研究的关注。当我们谈论"问题"的时候,我们绝非是想使读者意志消沉,或是强调工作的紧张和缺陷。正相反,我们希望给予读者一个机会来反思这些事实,避免问题的发生,并最大限度地获得理性和感性的愉悦感。

让我们来看看上面的案例 1.3 中关于"无知的"导师的问题。假设赫里埃特·弗朗西回到自己的院系,下定决心要解决自己的问题。首先,她与朱尔斯·哈尼斯特面谈,坦陈自己的问题。他们尽释前嫌并达成一系列妥协。赫里埃特参加 IT 课程的学习,然后她与朱尔斯花一天时间谈论 IT 和古代历史的问题,其他一些专家也会参与他们的讨论。赫里埃特在讨论会上发现了她的一些老朋友,以及他们的博士生。朱尔斯也认识了许多其他学校的博士生,他可以和他们通过电子邮件沟通。他还认识了其他一批使用相同分析工具的人。赫里埃特也开始使用 IT 信息技术,并发现它能提高工作效率。她的下一本关于阿里斯托芬(Aristophanes)的书也将因为新技术的运用而完成得更快。赫里埃特和朱尔斯一起列出了一个涉及古希腊医学思想的作品清单,而赫里埃特读完了所有这些作品。与此同时,她安排朱尔斯与英国其他大学古希腊医学方面的专家会面,并批准了他的旅行假期。朱尔斯的焦躁心情得以放松,对赫里埃特更加充满信心。而赫里埃特也开始着手写作关于索福克勒斯(Sophocles)悲剧作品中医学方面的隐喻的文章。一年后当你再看见赫里埃特并问到朱尔斯时,她已经是心情愉快、充满活力了。他们俩的行动计划为朱尔斯带来了硕果累累的成绩,而赫里埃特也差不多完成了她的书并在写作论文。对赫里埃特而言,曾经难以忍受的负担现在已经转化为研究的新机会。

此书中的数据部分是作者在为期两年的研究项目中从导师和研究生那儿收集到的,还有一些是作者自身的经验——成功指导三个博士以及一个研究型硕士的经验能够为研究生导师提供借鉴,使他们能够最快最有效地指导学生完成论文。两个研究项目分别是在 1989 和 1993 年在英国进行的。第一个是关于社会科学的(城镇规划、社会人类学、人类地理、城市研究以及发展研究),第二个是关于科学的(人工智能、生物化学、自然地理以及环境科学)。本书中引用了在这两项研究中通过访谈和观察得到的数据。这两个研究项目中的发现在德拉蒙特、阿特金森和帕里 2000 年出版的著作中也有详细描述。这些有用的数据包括对五十多位导师采访的录音和记录。除了这些基于研究视角的数据,我们还选取了许多导师在与研究生共同工作中积累的实际经验。

在我们完成了这本书的第一版后,又有了相当多新的研究成果。我们将这些新的成果也收录了进来,使得新版本拥有更多实用的案例。我们也从皮尔逊(Pearson,2002)的一篇未发表过的论文中引用了一个章节,来展示在物理、化学、哲学和音乐方面对博士生的指导的最新数据。

多年来,我们一直在卡迪夫大学开设一门博士生课程。我们曾指导过各个专业的学生,包括社会学、犯罪学、心理学、教育学、规划学(planning)与其他学科(的确,我们的直接经验并不局限于社会科学,也涉及地球科学、化学和药剂学)。通过一系列每周一次的研讨会,我们认识了许多研究生,并且开展了一系列涉及核心技巧和方法的课程。我们所做的这些都是为了传授学术生涯所需的"手艺",并且帮助这些研究生在将来成为有所准备的导师。我们努力使这些研讨会切合实际,发放了许多资料和工作表。在此书中我们引用了这些资料和工作表中的部分,例如第 4 章的表 4.1。我们引用它们是为了表明我们的整体观点,并和我们的读者分享开展上文提到的技能课程的案例。

我们通篇都努力给予导师们我们从学术研究中发现的建议——当我们认为"必须这样做,否则学生们会遭受痛苦"时。仅仅当我们的经验和研究成果一致,即当经验和行动互为支持的时候我们才会提出建议。我们的基本信念是,指导是一种或者一系列能被人们掌握的技巧,技巧能够学习,并且会随着经验的增长而获得完善。我们希望这本书是积极向上、使人愉快的——我们的目标是使这本书充满激情,我们曾在贝克(Becker)1986年的著作《社会科学家的写作》中感受到这样的激情。我们在此书的第二版中更新、改写了许多案例和短文。这些案例来源于我们的职业生涯中处理过的学生和导师的真实案例,但是为了不暴露他们的身份,我们在细节方面做了变动。这些案例有些是结局美满的正面例子,也有些是让人追悔莫及的错误,如果我们和我们的同事能够处理得更好,这些错误原本都是可以避免的。

我们写作这本书,以及所作的大量研究,都是针对研究生以及研究论文的写作的。除了较少的研究型硕士学位外,研究中涉及了大量的需要写作论文的授课式硕士学位(以我们学院为例,论文的限制是两万字)。在英国这类硕士学位的大量增长也意味着对每个学院而言,对研究生的指导已成为学院生活的重要部分。很显然,与博士论文相比,对这些简短论文的要求低得多。写作者不需要对学术有大量独创的贡献。但是,他们需要指导,并且对他们的指导与对博士生的指导有一些相似之处。专业博士学位学生在他们的论文阶段需要指导的情形与传统的博士生类似,但是由于专业博士学位学生是非全日制的,通常都有很重的工作负担,因此,对他们指导的实际情况是十分不同的。因此,我们讨论的主题、问题和答案不能只被看做是相关学术领域之外的硕士层次的内容。指导的许多方面是有一定的普遍原则的,并且我们认识到了这一点。

道德和保密

本书中我们引用了许多我们亲身经历的案例和一些研究项目中的案例。在所有的案例中,人名和地名都是虚构的。有时我们改变了人物的身份,比如,我们可能把一个威尔士国际橄榄球队的学生说成是一个万米长跑运动员。经济和社会研究委员会的两个基金研究项目的被研究对象在文中也是以假名出现的:所有的导师都被叫做某博士,所有的学生都用虚构的姓和名。因此斯洛斯托（Throstle）博士是詹森·英格索尔（Jason Ingersoll）的导师。所有大学的名字也都是匿名保护的。我们引用了埃格雷斯顿和德拉蒙特（Eggleston and Delamont, 1983）为英国教育研究协会进行的一项调查中的一些数据，而参与调查的学生在文中也都受到匿名保护。

章 节 结 构

第 2 章说明了如何帮助一个学生从大学生或者授课式研究生阶段（Taught Postgraduate）过渡到研究型研究生（Research Postgraduate）阶段。本章的重点在于帮助学生设计一个他力所能及的项目：比如，一个新手在 3 年里能独自完成的项目。

第 3 章是关于怎样才能在传统和发展两者间保持平衡。当学生开始一个合理的研究项目时，应该制订出合理的时间表、具体计划以及（如果有经验的话）研究设计。本章旨在说明导师必须掌握的平衡点，一方面必须确保研究计划的完成，另一方面要给予学生充分的自由，让他们自己掌控研究项目。

第 4 章是关于写作文献综述。这一章展示了一个好的导师如何在确保学生广泛阅读并写出有意义的文献综述的同时，还能兼顾数据的收集工作。许多学生"淹没"在文献中，好的导师必须对此现象十分警觉。

第 5 章重点介绍了如何指导数据收集工作。一个善于沟通协商、善于选择最佳方法完成数据收集工作的好导师能够帮助学生避免一些糟糕的错误。本章集中阐述了一个成功的导师是如何运用自身的经验来帮助学生的。

第 6 章集中陈述了导师如何才能始终保持学生的动力和工作速度。一个研究项目能否完成不仅取决于成绩的优异，更取决于持续不断的动力和努力。在学业方面成功或是失败的关键就在于是否做到坚持不懈、排除万难。导师必须警惕潜在的问题，思考如何鼓励学生继续研究、克服困难，最终完成学业。

第 7 章是关于如何获得普遍认同的能力，这些能力与研究中的判断力和鉴赏能力息息相关。除了研究设计涉及的技术问题和数据收集等以外,导师和学生还必须关注所研究的专业与相关学科的交叉融合问题。

第8章是关于写作的。许多学生无法成功地将数据和记录转化为论文。关于写作的书相当少,而关于导师如何指导学生熟练地写作的书几乎没有,更不用提关于享受写作的了。

第9章是关于如何选择评审人及准备答辩的。许多研究生对评审中"不熟悉"的方面心怀畏惧。本章深入地探索了好的导师是如何通过组织模拟答辩和练习来减轻学生的紧张感,并提供了如何应付正式答辩的实用建议。本章同样分析了如何选择合适的校外评审,以保证在答辩标准不变的同时合理地考查学生。

第10章集中讲述了导师应如何"鼓舞学生"开创他们的事业。本章分析了导师的责任,帮助学生发表文章,完成一份有竞争力的简历,并找到工作。

第11章是关于挑选学生组建研究团队的。本章陈述了如何选择研究小组成员:审查申请、面试候选人、最优化地组合学生和导师以利于论文的完成。进而陈述了研究团队对于一个研究者事业的重要性。

国际比较

我们认为以上提到的都是英国的导师必须关心的问题。我们这里分析的公共机构的框架——基于我们的研究和经验——是英国的学术架构。然而,我们的观点并不仅仅只适用于英国高等教育的研究生。

尽管不同国家间的教育在诸多方面存在很大差异,如资金来源、组织、评审、毕业率和毕业时间等等,但是许多其他方面是不分国界、普遍适用的。来自其他工业化国家的事实显示,许多基本的问题是类似的:全面深入的跨国研究表明,学科间的差距比国家间的差异要大得多。换句话说,与日本博士生导师对历史学的指导方法相比,日本博士生导师对物理学的指导与德国博士生导师对物理学的指导更有共性。这些研究显示了对高学历学生指导的过程中出现的问题是普遍存在的,并告诉我们应如何反驳所谓的国际差异性的观点。1987年,斯宾塞基金会赞助了一个历时三年、涉及五个国家(日本、英国、西德、美国和法国)的研究项目,该项目涉及了研究生教育和研究相关的一些方面(Clark,1993)。这个项目分别分析了各国的高等教育和科学的历史发展,以及当代基金、研究和高等教育的构架。在五个国家中研究人员都对典型学科进行了深入透彻的调研——历史学代表了人文学科,经济学代表了社会科学,而物理学则代表了自然科学。另外,研究人员还额外地在日本和美国分别对工程学和生物医学科学进行了研究。利用公开发表的数据,研究人员对各国的情况进行了分析;通过对教职员、研究生、学校管理层甚至是研究机构的专业人士的采访,研究人员完成了深入透彻的调研。

通过这次"跨国比较研究",克拉克(Clark)希望能够"获得更丰富的理解"(Clark,1993:378)。他认为这五个国家面临的主要问题是接受高等教育的人数越来越多,就业市场需要高学历人才,学术的发展以及政府越来越多地参与对学术研究的资助和指导。克拉克深信,这四种趋势导致了共同的矛盾:集中和分散的矛盾,将研究设定在大学外的环境中还是仍将研究保留在大学中的矛盾,以及大学是应仍由政府控制还是自主竞争的矛盾。在这次斯宾塞基金会项目中,五个国家的高等教育机构对以上四种趋势所做出的反应以及各自导致的矛盾截然不同。克拉克认为,1990年"英国学术界的未来问题重重",因为"大学和政府之间的关系十分紧张"(Clark,1993:369)。克拉克的这一评论预见了随后发生的种种政策变更。克拉克书中涉及英国的章节也被扩展成一篇独立的专题论文(Becher etc,1994)在英国发表。碰巧的是,当斯宾塞基金会项目接近尾声的时候,英国经济和社会研究委员会也设立了社会科学博士学位的研究项目,其成果也发表了(Burgess,1994)。随后,经济和社会研究委员会还赞助了两个关于自然科学博士生和导师的研究项目。1995年,英国最终有了本国的关于博士阶段学习的一组基本数据,从而填补了多年来的空白(Winfield,1987)。

表面看来,这五个国家有着完全不同的研究生教育体系。法国采用国家科学研究中心(CNRS)体系,1984年法国进行了博士学位的改革,这一改革导致了单博士头衔以及其后的论文写作机制。美国拥有世界上最大最综合的体系。日本的体系对读者而言可能是一个未知的领域,读者很可能惊讶地看到日本的研究生教育体系是"很小而相对薄弱的"(Clark,1993:297)。仅仅有6%的大学毕业生会继续读研究生,而且对于文科和社会科学学科而言,"获得博士学位并非是……学术生涯早期阶段的必要部分"(Clark,1993:311)。

在国家之间巨大差异的背后,我们仍能看到学科文化的相似之处。对于一个物理学的博士生而言,与她"自己"文化中的历史学者相比,她每天的学习经历可能更近似于其他国家的物理学者。日本历史学博士生候选人所接受的指导在许多方面都与其他四国的历史学者相似。与特维克(Traweek)对物理学博士教育的研究结果相悖,对于学生个体而言,所接受的管理文化和是否拥有完善的研究实验室设施比在哪个国家接受教育更为重要(Traweek,1988)。对工业化国家而言,导师所面临的矛盾处境是十分类似的。我们希望这本书能够涉及所有这些矛盾。

在每个章节的开头,我们会列举一些虚构的导师遇到的难题。而在每个章节的结尾,我们会记录真实的导师对他们工作的讨论,以及他们所感受到的压力。

指导的问题

我们采访了许多科学家和社会科学家,他们都十分敏感地谈论到自己是如何在事无巨细的专制指导和"放手"让学生自己去做之间找到平衡点的。在我们的采访者中,有一些人坦陈自己并不善于掌握这种微妙的平衡。

博布里奇(Boarbridge)大学的社会科学家奈特里(Netley)博士告诉我们:"要想知道哪些是你应该教给学生的,哪些是应该让他们自己去发掘的,并在两者之间找到合适的平衡点绝非易事。"

而他的同事蒙塞(Munsey)博士说:

"如果我察觉到一个学生想要不劳而获,比如说,他希望我帮他完成一半的工作,我是不会答应的。我希望学生不仅有学习的动力,而且有独立的人格。他们应该精通学业,同时还应当能够胜任数据的收集和分析工作。当然,这些显然也是需要指导的,但是一旦我发现一个学生每天都上门来索要信息和数据的话,我是不会将超过10%甚至15%的工作时间耗费在他的研究项目上的。"

以上这些关于导师和学生关系的话语也反映了学生的独立性和依

赖性的对比。托里斯哈斯特(Tolleshurst)大学的科特尼斯(Coltness)博士坚持认为:"在我看来,指导学生是一件极为棘手的事情。我认为这是我整个工作中最难的一个部分,也是我最不喜欢的一个部分,因为我觉得我做得不够好。"

科特尼斯博士所担心的问题的核心其实就是如何找到微妙的平衡点:

"有哪些工作是你应该一步一步指导他们去做的? 他们应该亲自来做那些工作吗? 我应该怎么在图书馆里找资料? 有哪些部分是需要重写的? 你需要逐字地仔细阅读吗? ……没人告诉你应该怎么做。所以我认为这一工作是极为棘手的。对于成绩稍差的学生应该给予多少帮助? 对于成绩优异的学生应该给予多少指导? 学生们的差异太大了,教育方式也没有现成的。"

福斯哈姆斯特德(Forthhamstead)的自然科学家但森(Danson)博士描述了这一过程:"一旦我们决定了研究的课题和方向,学生们就开始自己主动地逐渐进入状态,我的意思是我们要培养的是有独立思考能力的博士,而非技师。"

对于利用实验室进行研究的学科而言,在对学生进行指导时十分重要的一点是:一个成功的研究者必须自己独立研究。"因此你不需要告诉学生先做什么,然后再做什么。你希望学生从实验室里回来时带着自己的想法,确定自己的研究方向。的确,从那时开始,你就可以在学生选定的特殊领域指导他们的研究项目了。"

也许我们所收集的关于指导的详细资料集中反映了学生与导师关系的不断变化。我们的一个联系人,契尔斯伍思(Chelmsworth)大学的社会科学家香农(Shannon)博士强调了学生和导师间的关系是如何随着学生学习阶段的变化而变化的,而且这种变化也是十分必要的:

"我坚信对学生和导师双方来说,这都是一个艰难的过程。它是随着时间推移而不断变化的,也是因人而异的。如果导师从一开始就立场坚定地指导学生并对他们作出一些限制,学生就会相对服从并愿意接受你的建议和指导。"

对香农博士来说,学生必须摆脱这种早期阶段的状态,所以:

"随着学生对专业的学习越来越深入,师生关系开始发生变化,因为此时他们已经拥有了自己的独特见解,而这些见解导师是无法共享的。同样他们也开始意识到自己的知识产权。这一知识的增长过程与成长的过程极为相似,当学生变得独立的时候,矛盾就会激化。"

在香农博士看来,当天平开始失去平衡时,矛盾就会激化,用青春期的暴风骤雨来比喻也不为过:

"我发现就像我和我女儿的关系一样,在这一过程中总有一段矛盾重重的时期,当变化开始发生时,导师在一开始总会难以'放手'。你感觉学生们还没有做好准备,他们还无法掌控全局。这将导致公开的或者不易察觉的矛盾冲突。比如有时学生会避免和你见面。"

香农博士还曾观察过其他导师和学生的矛盾时期:

"我有时看到同事在经历这段矛盾时期,而且看上去他们并不能很好地应对。因此我认为应该对这个问题给予重视。我认为一个成功的候选人应该具有这种能力,当你放手让他自己去研究时,他能够进行下去并顺利完成。否则,你将陷入另一个阶段,导师仍然试图给予过多的指导和过多的控制,而学生则试图摆脱导师发展自己的兴趣。如果你不够谨慎的话,你将深陷泥沼无法自拔——学生不知道该如何继续研究,而你也无法给予学生他们所需的建议。

"我不知道别的导师是否有相同的感受,但是我认为这种不断变化的师生关系相当难处理。"

与我们采访的其他人相比,香农博士进行了更深刻的自我分析,而且她更关心如何把工作做得更好。我们采访的大多数人都谈论了作为导师的快乐和痛苦,以及他们指导学生的策略。他们谈到了如何从研究型硕士中选拔博士生,讲述了失败和成功的经历,并进行了自我分析。他们中的一些人认为自己获益匪浅,典型的例子是赫恩切斯特(Hernchester)大学的地理学者布莱德(Brande)教授。他表达了自己对导师工作的看法:

"我认为作为导师最重要的是给予学生你的爱心——也许这听

起来很奇怪，但是我认为'爱心'是最合适的词语——关心学生们在做什么，给予他们动力，因为研究的确是一件让人感觉无比孤独的事情。"

在戈辛翰（Gossingham）大学从事发展研究的格斯提律（Gastineau）博士说：

"研究生阶段是很可怕的。至今我还没有遇到过一个没有经历过经济危机、精神危机、情感危机以及与导师的关系危机的研究生。这就是为什么这个体系如此可怕的原因。"

伊斯特切斯特（Eastchester）大学的社会科学家捷尔夫（Jelf）博士描述了他心目中的完美学生："一个完美的学生会经常写作，成为你的好朋友，不会天真地把研究生阶段的研究工作当做毕生的事业，同时是导师工作动力的源泉。"这本书的目的就是为了帮助导师们诊断并且处理危机，与研究生建立和谐的关系。这样我们就能够获得更多捷尔夫博士心目中的理想学生了。

结　　语

如果读者对我们所说的问题表示认同，他们就已经认识到了与当今学术界相冲突的种种问题。在今天，导师们必须能够指导研究生的发展，而这一工作对人的智力和处世能力要求极高。我们将在随后的章节中提到，从大学生到研究生的转变过程意味着许多变化——不仅仅是身份的变化，而且也是工作方式、学识、自信心和自尊心的变化。与此类似，从大学教育到研究生的指导转变也意味着工作内容和重心的重大转变。大学教育和研究生指导都不是"自然形成"的。研究生指导也不仅仅是一个人研究行为的直接延伸。它是学术工作重要而独特的一个部分。此外，它也是各个学院和大多数研究院的核心职责之一。承担研究生教育的组织机构也一直是英国近年来备受关注的主题之一。研究委员会一直在努力将更多的注意力吸引到提供的研究生的质量和研究生的成就上来。研究生为他们自己的研究项目，以及为将来成为研究者和导师所做的充分准备，还有英国的学位创新，都一直是饶有争议的话题，如这些政策方针中的一条就是引入致力于转变研究技巧和方法的硕士学位。高等教育的职业化对各学院的教学理念都有着直接的影响。高等教育工作绝不应该基于专门的或者固有的标准（尽管它曾经一度如此）。我们应该像完成一种使命一般严肃认真地对待高等教育工作，还应该把它放到与其他教学和学术活动同等的地位上。我们雄心勃勃，要为学术思想的发展和个人的进步作出贡献，有经验的导师也好，新手也罢，都要迎接挑战，并期待收获累累的硕果。

2
帮助学生尽快适应研究生角色

> 一只蛱蝶(翅膀上有龟甲状花纹的蝴蝶)振翅飞向了明亮的窗外。在那儿它被蜘蛛网缠住动弹不得。
>
> (Sayers, 1972:10)

引　言

人们很难意识到,对于一个刚刚成为研究生的学生来说,这种新的状态是多么可怕。即使这个学生是同一所学校里的本科生,这种角色和状态也是崭新的。而如果他(她)进入了一个新的大学和院系,那么所有的一切对他(她)而言都是陌生的。导师必须确保学生在学术上走上正轨,找到他们在学院中的位置,并调整自己的状态。在这里我们用困在蜘蛛网里的蝴蝶来打比方,是因为许多聪明的学生都被困在研究工作的无形的高要求里,显得十分无助。正如同蝴蝶飞进几乎看不见的蜘蛛网中一样,不够谨慎的研究生也会被研究工作所束缚。而导师的工作就是排除学生飞行航线中的障碍。本章分为四个部分。第一部分说明如何与你的学生建立卓有成效的师生关系;第二部分是关于对导师和学生而言,对彼此合理的期望应该是什么;第三部分我们指出了在候选人开始工作的头几个月中通常会出现的问题;第四部分点明了两个难以启齿的问题:性和谎言。

管理好你的学生

与高学历学生的相处取决于你们的师生关系。你需要与你的学生建立起一种良好的工作关系。人际关系是需要经营和讨论的,因为绝大多数问题的根源就在于,双方没有弄清彼此对这种关系的期望值。双方达成一致,或者同意保留不一致的地方。少数师生会花时间探讨双方合作的最佳方式,这绝不是浪费时间。正因为学生的需求是不断变化的,师生关系的基本规则也需要双方每隔一段时间就重新商议一次。但是最重要的是要在早期就建立一个指导方针,这样学生就能明白应该怎么做,以及如何与你合作。以下是大学教职员发展研讨会上收到的三个案例,请思考其中分别反映的"管理"问题和师生关系中的问题。

案例 2.1 个人风格的冲突

杰西·瓦达罗(Jesse Vardallo)博士是从事宗教研究的牧师。他说他最大的麻烦来自两个学生——卡隆·马洛里(Caron Mallory)和斯宾塞·唐尼(Spencer Donne)。他抱怨说,这两个学生完全没有组织观念,并且十分不讲礼貌。两个人常常"忘记"定好的见面时间、错过交作业的最后期限、上课不带重要的资料、丢三落四、忘记自己的研究工作。杰西浪费了大量的时间在办公室里等待卡隆或斯宾塞来参加约定的会议,他对这两个学生马虎行为的不满由来已久。

杰西仍然组织与卡隆和斯宾塞的师生会议并强调交作业的最后期限,但是他如何才能让这两个学生"长大"并变得值得信赖呢?

案例 2.2 骄傲还是无知

来自现代语言学院的西班牙语研究系的劳埃德·麦克加恩(Lloyd McGown)博士说,他同情杰西,但是他也遇到了同样奇怪的问题。他是一名新任导师,而他的第一个博士生亚瑟·格拉斯曼(Arthur Grasemann)要从事对巴西小说家乔治·阿曼多(Jorge Amado)的研究。劳埃德对这个题目十分有兴趣,并期待给予学术上的帮助。然而亚瑟却对劳埃德的指导十分抗拒,他试图逃避指导,不愿意讨论他的工作,并坚持说他知道自己在做什么,知道论文需要写什么内容,并且"仅仅"希望劳埃德在他提交论文前阅读论文的第一稿。劳埃德现在十分担心,不知该如何填写学校正式的辅导工作表,也不知道如何才能让亚瑟主动和他交流自己的观点。

案例2.3 过于依赖

奥拉尼亚·帕帕佐格拉(Orania Papazoglou)博士是最后一个发言的,她激动地告诉我们原本她脑海中有一个关于写作的问题,但是劳埃德的问题使她想起了自己面临的糟糕情况。她主攻教育学,指导教育博士克里斯蒂娜·刘易斯(Christianne Lewis)。这个学生在专业博士课程第一阶段的授课式课程中表现突出,但是现在看起来她无法应付论文写作。克里斯蒂娜要评价两所学校里反暴力政策的变化,她集中研究了一群学生,分别采访了许多教师和父母。然而她似乎无法完成自己的论文。她不断向奥拉尼亚发邮件寻求建议,不仅仅询问具体写作细节,还询问"我现在应该怎么办"之类的问题。

奥拉尼亚问大家:她应该怎么做才能使克里斯蒂娜更加独立。

在以上的这些案例中,我们可以发现当事人双方都没有找出双方关系的基础。在这一章里我们列出了一系列指导方针以便大家更清楚师生关系是如何发挥作用的,并避免冲突和误会。

要想有一个好的开始,你可以阅读以下书籍:菲利普斯和普(Phillips and Pugh)的《如何获得博士学位》(*How to get a PhD*)第3版中的第8章;克瑞尔(Cryer)的《研究生的成功指南》(*The Research Student's Guide to Success*)第2版中的第6章。然后推荐你的学生也阅读这两本书,并且师生一起花一些时间讨论指导部分。因为这两本书是以学生为中心写的,因此你可能会发现它们十分讨厌,但是它们却能帮你找出和学生成功合作的方法。克瑞尔根据国家研究生委员会的规定(《研究生的成功指南》,59页)总结了导师的责任。利奥纳多(Leonard)于2000年写的《女博士的学习指南》(*A women's Guide to Doctoral Studies*)中的第5章也点明了导师的责任,而且对于女学生,尤其是那些来自英国以外国家的女学生来说,这本书十分有帮助。在米德尔顿(Middleton)2001年的作品里也能找到有用的数据。

人们很容易忘记,学生们可能还不知道研究生到底是个什么概念。人类学博士生柯林·艾夫斯(Colin Ives)对奥德特(Odette)说:

"我犯了许多错误,都是因为我没有问问题,而其他人也不为我纠正错误——他们都认为我应当知道这些事情。我不知道成为博士生就意味着要去和别人讨论问题,如同杜森(Durtham)博士所说的,它意味着表达观点。而我原本以为博士生只是意味着一篇老掉牙的专题论文和一些信息的收集工作。在我还是个大学生的时候,我一直以为博士生就是能写《人类》(Man)中的那些文章或者是那些万字左右的文章的人。我曾经一度认为那些文章的作者就是博士生。"

柯林找出了博士的含义,他说:"一天,我正在读一本书,是一份简介资料。我读了十万字,然后我开始想,十万字(博士论文要求的长度)可真长。没人告诉过我它有这么长。"大家注意,柯林并不是直接问论文的长度,而是等着别人告诉他有多长。他没有读过图书馆里任何最新的论文,也没有导师通知他论文的相关要求。当我们采访他的时候他已经博士三年级了。

授课式课程的发展也许会使像柯林一样的学生减少很多,但前提是这些课程包含一些非常基本的"事实"。我们的经验是,像柯林那样的学生通常最需要了解一些基础知识,如论文的长度、结构和功能。但是他们通常又是最抗拒这些讲解的学生,因为他们认为这些东西与他们自己的课题"毫不相关"。明智的院系会确保课程中涉及这些基础知识,所有的学生都会拿到这些基础知识的相关文档,而且导师们也会注意这些问题。与此相似,对于那些希望自己的工作不被学生的要求和抱怨打断的导师而言,他们也必须确保学生拿到各自所申请的学位的正式要求,并督促学生了解这些要求。但是,即使这样,导师还是无法保证学生们都看到这些基础知识,更别提理解这些知识了。

案例2.4　两个对规定充耳不闻的学生

维维恩·哈恩斯伯格(Vivienne Harnsberger)是一个非全日制的学生,她注册攻读研究型硕士学位。维维恩上了有关学术界生存技能和学习技巧的必修课,手头上有系里发的研究生手册,接受定期的指导。但是当维维恩进入三年级的时候,她开始给导师保罗发送标题为"我的博士学位"的邮件。我们见了她,并且温和地提醒她她所申请的是研究型硕士学位。而如果一个学生想要申请上一级的学位的话,她应当遵循正式的申请程序。但是一个半工半读学生申请成为博士生的 18 个月限期早就过了。维维恩看上去十分惊讶。我们拿出了系里发的研究生手册,并将相关的内容指给她看。她仍然很吃惊。很明显她从来没有记录过老师介绍的相关规定,也没有读过研究生手册,更谈不上有什么理解了。

同样对规定充耳不闻的还有肯特·荷兰德(Kent Holland)。他被聘为临时讲师,同时作为教员申请博士学位,他的导师是一个职位较高的同事。与维维恩一样,他也参与了我们的学术界生存技能课程,以及至少一次公开模拟答辩。但是,当他提交论文的时候,他震惊地发现,他的答辩只有两个校外评审而没有校内评审。他 5 年前就注册成为博士生,但是从没思考过评估的问题,尽管我们在课堂上多次强调了这个问题。

下面,我们会提供良好师生关系指南和合理的期望值,这样你才不会在多年后发现自己犯了与柯林·艾夫斯一样的错误。

良好师生关系指南

与你的学生一起讨论如何各自工作和如何合作。向他解释你希望如何与博士生合作,并找出他是否适应这种方式。如果他们看起来不太合作,找出原因并达成妥协。有些事情看起来可能是琐事,但正是琐事经常毁掉了一段关系。这些琐事包括:

一天中最合适的会面时间

你的研究生是习惯白天工作的人还是夜猫子?你属于哪种?早晨七点会面合适吗?还是下午六点更好?通过询问这些问题你可以掌握学生的生物钟——当你建议早晨七点会面时观察学生的表情并推测他们的心理。如果学生有一个新生婴儿、一个十来岁的孩子或是年长的父母要照顾,你也必须清楚知道,以便你制定的会面时间切实可行。与此类似,如果你的学生每天会锻炼身体两次,或是在午餐前无法集中精神,你都必须对这些情况有所了解。最后你和学生需要找出一个规律的时间,一个你们双方都头脑清醒,你可以给学生辅导功课的时间。但如果你是适合早晨工作的人,而你的学生是个夜猫子,那么你们可以制定一个变化的时间表互相迁就一下。

案例2.5 彼此都方便

贾斯丁·昆西(Justin Quincy)进行的是社会工作方面的博士研究,现在他正在写论文,同时在距离学校几百英里外的马略佛(Mallingford)大学担任讲师。他的讲师工作不仅耗费了他大量的路费,而且增加了他的工作负担。我们都担心他可能无法完成论文的写作。我们说服贾斯丁与马略佛大学的院系领导讨论此事,并为他写了推荐信,推荐他参加马略佛大学的教职员发展项目或是系列研讨会。马略佛大学的院系领导也对论文的事十分关心,他们三次帮贾斯丁买了前往卡迪夫的火车票,两次帮贾斯丁的导师付了前来马略佛大学的路费,邀请他参加教员研讨会。马略佛大学的院系领导还出资帮助贾斯丁参加在喀斯特墩(Castleton)召开的一个会议,在会上贾斯丁的导师将作发言。这六次会议,加上经常的邮件往来,使得贾斯丁终于在规定的日期里完成了论文。

安排会议时间

最初新学生需要每周和导师会面一次,哪怕是一次简短的会面,因为新学生很容易迷失方向。但是你们最好定期地讨论会议的时间安排是否符合双方的要求。除非你在一些特殊的时期完全抽不出时间辅导学生,每年大概30次指导是比较理想的目标。如果你不制定一个定期的时间表,那么以下这个问题是你必须解决的:谁来组织会议?如果是由学生组织的话,他会怎么组织?如果你是高级导师并有一个助理的话,学生会与助理约定指导时间吗?如果不是,学生会直接来找你吗?给你留张便条?给你家打电话?

这些都是糟糕的问题,但是如果你不向学生解释并制定一些规则的话,学生便无法知道如何安排与你会面。对于学生而言,当他们需要指导的时候,他们很可能四处找你,期待能在走廊里遇到你。以下的评论是一个博士生——吉姆·特斯格(Jimmy Thesiger)写的,他反映的问题十分普遍:

"四个导师已经指导过我的研究。一号导师在一年后离开学校去了海外。二号导师与一号导师一样,也在一年后离开。这两个都是繁忙的人。作为一个非全日制的学生我很讨厌占用他们的时间。当我写信或者打电话和他们商量会面的时间时,我觉得自己就像是一个脚趾甲长进肉里的忧郁症患者在折磨他的神经外科医生一般。我相信我的导师并不是故意让我有这种感觉的。"

日程

制定一个对学生进行指导的日程是个绝妙的主意,当然前提是双方达成共识。首先,决定由谁来制定这个日程是很重要的。最合理的答案当然是你们双方共同制定。有时候你必须态度坚决,表达明确:"下周,请把某物带来,我们将对它进行讨论。"而在其他时候,这个时间必须由学生来决定,这时候你可以问问:"下次你想讨论什么话题?"然后你们可以执行商量好的日程安排。

机制:确认和取消

关于指导最糟糕的事情之一就是会面被迫取消。对于导师而言,一个"不露面"的学生绝对是让人抓狂的,尤其是见面时间定在晚上7点半或者8点时。对于一个学生而言,"消失"的导师是令人讨厌的,特别是当这个学生是个非全日制学生的时候。所有的导师和学生都需要写下严格的日程安排,以及明确的关于取消会面的条款。大学生可能从来不需要一个约会日记本,但是研究生需要这个。可能会有人建议你买一个学年日记本,随身携带,并记下约会日期。如果这个日记本里有一些有用的地址那就更好了。指导成熟的学生以及繁忙而专业的研究生有一个很大的好处,那就是他们会使用日记本或者是电子记事本。一旦他们有了日记本,并习惯了出席会面,你就能够和他们协商会面的确认机制,以及取消和重新安排会面时间的机制。而如果你们没有做出以上这些安排,双方可能会感到混乱,而一旦会面被取消或者打断的时候,双方会有不好的感觉。所以我们需要一个较好的会面取消机制。

案例2.6 见面确认机制

针对所有的非全日制高学历学生,保罗(Paul)有一个明确的确认机制。在会面的前一天晚上打电话到保罗家进行确认。这一行为有两个目的。如果保罗想要取消会面的话,他可以提出取消,重新安排会面时间,并在电话里解决一些较为迫切的问题。而如果学生不能来的话,他(她)也能取消会面,重新约定会面时间并在电话里解决问题。如果双方都确定能参加会面的话,那么通过电话保罗和学生就能互相提醒第二天有会面。这意味着双方都会出席,而如果双方需要做些准备的话,他们也都有几个小时的准备时间。

导师的工作安排

你的年度、学期、星期工作周期是什么样的呢?什么时候你有时间把注意力集中在学生身上呢?除非你主动解释,否则学生无法知道:你什么时候必须为研究委员会的助学金申请表做准备,什么时候要批阅一百份考卷,或是什么时候要写一个重要会议的发言稿,因此你不能花那么多时间和注意力在他们身上了。花几分钟向学生说明你的年度工作安排所带来的压力和这些工作的最后时间期限是很有益处的。确保学生知道什么时候是你的繁忙期,以便双方能够在你不太繁忙的时候安排一些更正式和更长的会面。了解助学金申请表、会议、批改试卷及安排评审的最后期限也是学生社会生活的一个重要部分,因此向学生说明你的年度工作安排不仅仅是明智的,也是对学生训练的一个部分。对你的年度工作安排的讨论也可以帮助学生们制订他们的计划,这样他们就不会把休假的日期定在你想对他们进行集中辅导的那个礼拜了。

双方都合适的时间

找出第一个学期、第一年以及整个研究生阶段的时间表——从中找出双方都合适的时间。试想你七月份离开英国去了澳大利亚,而这时学生们还指望你阅读他们五万字的论文,这将是很糟糕的事情。当你要离开很长一段时间，比如休产假、度假、实地考察旅行、因为成为院系的院长而严重影响日常指导工作或是在八月份开展招生工作时，你需要提前通知大家。如果学生为不能接受你的指导而深感不安的时候，你们可以商量采取电话指导或者信件指导的方式，或者为学生再介绍一位导师。

对双方关系的预期

试着尽可能清楚地告诉你的学生你希望能为他(她)提供的帮助：对学习方法的指导，对如何挑选参考书的忠告，理论观点、电脑知识方面的指导，出国实地考察，排除设备的故障，一些特别的小技巧，当他们找工作时为他们写份好的推荐信或者是一起喝杯茶表达一下对他们的同情和理解。如果可能的话，也尽量告诉他们你所不能或者以后不会提供的东西，比如如果你确信自己的电脑技能十分有限，告诉你的学生这一点，并承诺帮助学生学习这些技巧或者告诉他们如何能够获得这方面的帮助。如果你对某一主题的学术文章不大熟悉，你的学生也需要知道他们应从你的哪位同事那里获得帮助。如果你讨厌研讨会，不想参加研讨会，也不能帮助学生与这个学科的其他研究人士获得接触，你应该将你的同事们介绍给你的学生，以此作为补偿。

清楚地表明对学生写作能力方面的期望是尤为重要的。清楚地告诉学生什么时候应该完成论文，什么时候你能批改好还给他们，以及你所能提供的帮助。这对于非英语国家的学生而言尤为重要。如果你不准备为他们纠正语法、格式以及拼写方面的错误，就应该及早告诉学生们这一点，并告诉他们在哪里能寻求到帮助。弄丢学生的作业是不可原谅的，而将学生的作业拖着不批改也是十分恶劣的行为。如果你知道自己容易犯如上这两个错误的话，你应该对学生强调他们必须复印论文作为备份，并且你们双方应该商定你批阅论文的时间，以留给你充足的时间来阅读、批改和返回他们提交的论文。

如果你保留着你的导师工作经验记录的话，就表明你对自己的工作期望值很高并希望继续从事这一工作。同样，你应该保留你和学生商定好的一些事情的记录，并确保你留有备份文件。当你病了、休假或是因为其他事情离开学校的时候,这些记录就尤为宝贵了,接替你的导师可以参考这些记录。电子邮件时代的到来给指导带来了革命性的改变。首先,在每次会面过后,你可以很容易地给学生发邮件列出本次会面的一系列关键点以及下次会面以前双方将要做的事情。如果导师保留邮件的备份的话,你就能记录下你对学生细致的指导工作。学生也可以回复你的邮件,附上他们对导师指导工作的记录以及他们的学习计划。以上两种方法都是很有效的。学生的学习计划也能作为制定下一次会面议程的参考。而当你不幸受到控诉或是卷入法律/纪律方面的问题时,这些记录更是十分宝贵。这些记录同样可以帮助学生完成论文写作,因为他们能从你的记录或是他们的记录中查到一些关键的信息。如果你们有一个指导小组,而其他成员又未能参加会议的话,这些记录也可以抄送给他们。

对于某些学科而言,导师希望学生能够作出一些可以发表的发现。因此,在一开始双方就商量好学生发表文章的一系列事宜(比如将学生还是导师的名字放在最前面等)是十分有用的。对于人文学科和社会科学学科而言,在学生提交毕业论文以前发表文章是不太常见的,而通常导师的名字都不会出现在会议文献(即向学术会议上提交的论文)的作者名单里。但是对于科学和技术学科而言,联合发表文章的情况则常见得多。导师应该让学生了解本学科、实验室以及研究小组的惯例。如果一个实验室的惯例是发表的所有文章都要带上教授的名字和导师的名字,那么学生越早知道这个惯例及其原因就越好。清楚了这一点你就会有一个合理的期望值,你会知道学生应该何时完成文章,何时发表文章,何时成功,并且向学生解释个人、研究小组以及院系发表文章的政策。

预期:合理的和相互的

你越清楚自己的预期,你和学生的关系就会越好。你有权表明自己对学生的期望。表2.1列出了一系列期望,这些期望构成了学生学习行为的明确的基础。

表 2.1　合理的期望

导师对研究生的期望：
1. 出席约定的会面，并事先做好准备；
2. 经常写作，将初稿给导师看；
3. 诚实地告诉导师工作完成情况；
4. 社会生活方面、学术方面发生一些事情的时候（如假期、患病、地址变更等等），及时和导师联系；
5. 最重要的是，完成双方已经商定好的研究任务。

学生对导师的期望：
1. 定期指导。一个全日制的学生通常期望一年能接受导师二十到三十次单独辅导，面对面地讨论研究课题；
2. 书面反馈。学生期望导师阅读自己的论文初稿，并尽快将写有评语的论文返还给自己。

如果你不能做到表 2.1 中的事情，你的学生就完全有理由抱怨你。

表扬与批评

在导师和学生关系的早期，学生的自信很容易被导师的批评摧毁，而如果导师对学生表扬过多，学生则可能有一种错误的安全感。学生期望得到对自身进步的评价、有建设性的批评意见以及其他方面有帮助的忠告（比如具体的方法、特殊的理论）。因为批评总是伤人的，所以事先想一下以下问题是十分重要的：你需要批评他们吗？如何才能使你的意见更有建设性？你又将如何对取得成就的学生进行表扬？记下在你的职业生涯中成功为学生提供建设性意见的例子，这将对你的工作很有帮助。

在下一节中我们将要讨论在合作的早期导师和学生双方遇到的一些问题。

早期出现的问题和困难

早期可能出现的问题有好几种。其原因可能是导师缺乏经验、学生缺乏经验或是双方关系未朝着期望的方向发展。我们必须记住，博士生教育需要学生自主地学习，这对许多学生而言是第一次（Hockey, 1994b）。大多数研究生来自学校，在此之前他们的绝大多数时间和课程都是由老师(或者父母)来安排的。而在之前本科生阶段的学习中,他们的时间也都是被安排好的。每次作业需要的时间也不像现在这么长。此时,全日制学生会突然发现自己缺乏对时间的掌控,而自己需要完成的任务却又如此繁重而复杂。而半工半读的学生需要在本来就繁忙的日程安排中抽出时间来学习。可以让你的学生们阅读《研究生的成功指南》一书第4章关于如何适应新角色的部分。

最大的一个问题是许多导师没有经验(Hockey, 1994a)。博布里奇大学的社会科学家莫洛(Morrow)博士在接受我们采访时已经是一位具有相当多经验的导师了,但在谈到自己早期的经历时,她说:"我刚到学校六个月就要带三个博士生,这样的任务当时让我感到恐惧。"大多数的英国大学不要求导师接受相关培训,也不要求他们通过与其他导师一起带学生来获取经验。以莫洛博士为例,她在获得地理学讲师职位后立即分到了三个研究生,这种情况在人文学科和社会科学是很普遍的。对于新上任的科学和技术专业的研究生导师,他们对于新角色的适应过程就可能会轻松很多,因为在做博士后阶段,他们就已经开始为研究生提供帮助或者指导研究生了。如果你是一名刚上任的导师,你可以询问一下你所在的学校是否有为导师开设的培训课程,如果没有,你也可以申请参加其他学校的相关培训。另外,你还可以向你所在系里最受欢迎、最成功的导师请教,或者和一些较年轻的教职员工在午餐时一起来讨论指导学生的技巧。

对你来说非常关键的一点是,新学生在一开始的几周里都会不知所措,所以导师就有责任给他们提供指导,布置一些任务,安排一些活动。多年的经验使莫洛博士认识到了这一点的重要性,在接受采访时她对于自己指导学生的能力已经比之前自信多了:

> "学生们在一开始总会感觉到迷茫和孤独……可怜的学生们,他们坐在课桌前,看着一柜子的文件夹,无所适从。所以我总是会给他们一些事做——让他们读一些文章,然后做书面形式的评论。写书面的东西是我就个人体会得来的经验。我自己在口头讨论时总会觉得力不从心,感到需要将某些东西记录下来才行,无论记得有多零碎潦草。学生们了解了他们的工作性质和进度之后,我会尝试在他们中间开展多个项目,这些项目通常会延续一个学期的时间。"

通过这种方法，莫洛博士希望能够既有针对性地帮助学生，又建立起一个整体的框架。在伯特敏斯特（Portminster）大学任教的应用社会学讲师帕里诺德（Palinode）博士在这方面也有很多感触。他谈起自己在博布里奇大学读博士时的感受："我知道指导总是有问题的，并且是导师与学生的关系问题。但是，在博布里奇大学念书时，我接受的指导的质量在我看来是非常不理想的。"帕里诺德博士所说的不理想的"质量"更多的是指他在做博士生期间所经历的导师对学生缺乏关心、缺乏指导。帕里诺德博士强调，他曾感到失落、无助，尤其是在博士生涯刚开始的那段日子里：

"我认为学生应该广泛地与人交流，并不一定要找相关专业的同学老师，只要是有开阔的视野、能够给你提供有用信息的人，都应该与其交流，而不是将自己陷入和我当年一样的失落境地里……但是在你刚到校的第一天，你坐在一张空桌子前，心想：'现在我干什么呢？'我当时花了整整六个月的时间来决定我要做什么……我认为学会适应新环境以及在一开始得到指点非常重要。博士阶段的学习是很有用的，虽然你在当时并不那么觉得。但这也要分情况而论，有人认为先做一年的研究，了解其过程，学完了研究方法后再念博士更科学，这也有道理。"

现在在博布里奇大学工作的米迪（Meade）博士谈起她几年前在该大学攻读博士学位的经历时说："读博士时我感觉就像是被丢进了一个黑洞……它和我之前的学习太不一样了。刚开始我跟着一位导师，那位导师在学术上成就斐然，但对我并不关心，随我凭着自己的性子做事。"有同样感受的还有来自以灵顿（Illington）大学的人工智能学讲师潘森（Panthing）博士。他在开始他的博士生涯时根本不知道英国的博士学位究竟是怎么回事：

"我也不知道一个博士生应该做些什么……这方面我读得不够多……我从来都没有一个清晰的问题，我是说我找不到一个有清晰焦点的问题……我总是同时在很多方面进行探索，脑子里并没有一个明确的问题需要努力去解决……事实上，我做过的研究工作大概足以获得两个博士学位了。"

潘森博士将他学生时代的困惑与他成为导师后的经历对照起来,在描述自己指导学生的工作时,他说:"我会努力帮助学生们找到和明确问题,我常告诉他们,研究是一辈子的事业,而博士学位则是一个里程碑,必须有重点。把博士念完,结束这个阶段,然后再开始新的努力。"在潘森博士的例子里,我们看到了一个典型的今昔对比。老师自己缺乏他人指点的学生时代和他的学生在若干年后得到的有效指导形成了鲜明的反差。

人们常常会认为,一个聪明的、本科阶段表现出色的学生一定能轻轻松松地成为一名聪明出色的研究生。其实,很多因素都会带来预料不到的影响,比如某些系非常急切地想要吸引好学生,而研究生候选人面临的选择又极其有限:

> "三年级的本科生很少能了解到,很多系因为太想要争取到好学生,有时会在描述本系的软硬件设施时夸大其词,称自己有能力给学生提供必要的研究设备和某些资深导师的指导,其实这些并不属实。"

(Rudd, 1985: 64)

我们发现,在很多情况下,本科阶段表现出色的学生并不一定能接受研究生阶段学术研究带来的挑战。一个直升本校研究生的学生学位却迟迟拿不下来,他在采访中谈到,直升制度是有自身的危险性的:"我之前(在本科阶段)是个明星学生,这在某种程度上造成了我目前的困境,因为我过去总是能够把事情做好,所以周围的每个人都以为我能继续这么优秀下去。"

以下的采访记录都反映了研究生新生的无所适从。

本·萨福德(Ben Safford)把一开始几个月的经历形容为:使人不安。他说:"整件事在那时显得非常让人害怕,你找不到自己的位置,又怀疑自己是否确有所属。"布赖恩·弗尔(Bryan Faul)说:"我当时希望一切都更有条理一些。"尼克·麦拉凯斯(Nick Minakis)的评论是:"你就好像是被抛进了一个黑洞里。"这种说法也反映了前几届学生们的心声。三年级的劳伦斯·弗尼尔(Laurence Fournier)准确地概括了学生们的尴尬处境:"他们中的很多人感到自己已经脱离了吸收知识的学生时代,却尚未跨入创造知识的学术阶段,这种悬置于两种角色之间的处境给他们带来了各种困扰和焦虑的情绪。"

在这个部分的最后,我们节选了一篇文章,它回答了一些关于研究生阶段学习状况的问题。教育学博士米歇尔·斯顿(Michael Seaton)以匿名的方式接受了英国教育研究协会的采访。以下是他的部分回答:

"研究生比本科生更需要能够独立地工作。这在我看来并不是难事,因为在本科阶段我就比较喜欢一个人学习。我选的课程很多都是只需要写论文的,而不是仅要求课堂出勤率。很显然,我没有意识到集体参与的重要性。集体促进大家互相交流看法,也有利于自信心的培养,因为只有在集体中我才能感受到别人对我的想法和成绩的肯定,也只有在集体中我才能意识到,其实自己想不明白的一些问题别的同学解决起来也并不容易。研究生遇到的第二个大问题是自我预期的问题。我现在已经无法再像本科时那样每天学习数个小时,也无法像当时那样在学业上取得很大进展。这种改变曾让我一度感到恐慌,觉得自己完全丧失了学习能力。我经历了很多挫折才认识到,其实是研究生阶段和本科阶段的学习性质不同才导致了这种改变,但即使现在,这个问题有时还是会冒出来,使我不知所措。因为这种改变对我来说实在太突然了,我在本科阶段一直非常努力,并且乐在其中。要适应现在的力不从心,我就只能采取心理战术,比如一天工作满五小时我就会祝贺自己,而不是责备自己没能工作十二个小时。当然,这种心理战术并不总管用!我的另一个问题是在学术上缺乏安全感。这是因为我现在的研究工作是由历史系来指导和考察的,而我本科的专业是社会学和教育学。这让我觉得紧张,担心会因此而使自己更容易在学术上遭到批评。

比这些都更为实际的一个问题是,究竟如何着手进行(历史)研究,这是一个大问题。这个问题并不是关于选什么研究课题,如何进行论证,也不涉及任何深奥的理论和方法论问题。它其实是关于一些特别简单的事,比如我应该去哪儿?我看上去怎么样?在一开始的几个糟糕的星期里,我特别希望有人能过来告诉我,你下个礼拜应该搭 10 路车,去哪儿,然后做什么,我需要具体的关于细节的指导,这就是我想表达的意思。我的导师和系里的其他老师都非常友好并乐于帮忙我,他们给了我一些非常有建设性的建议,但那些建议都没有具体到我所想要的那种程度。老师们好像都忘记了自己做学生时也曾经历过不知道如何'着手研究'的那个阶段。当然，我并不提倡填鸭式教育，事实上，我从导师那里得到的指导是少之又少的。我只是觉得，如果能有《傻瓜研究入门手册》(*Idiots Guide to Starting Research*)之类的书或者相关的讲座，最初的那个阶段一定会过得轻松得多。

以上谈到的这些问题，有时我感到已经解决了它们，有时却又对它们无可奈何，宁可去干体力活也不想面对它们！当然，我知道大多数的博士生也有同样的感受，这对我是最大的鼓励。

大多数情况下我会向好友和我大学时代熟悉的老师寻求帮助，而不想过多求助于自己的导师。道理很简单，我不想让我显而易见的愚蠢在那位充满同情心又乐于助人的导师那里留下太深刻的印象！"

专业博士学位学生的这些问题并不会减少。学生从授课式课程阶段到独立写论文阶段的转变经历了从拥有外部秩序到外部秩序被抽离的过程，这个过程会在很长一段时间里让学生感到无所适从。

树立自信心的诀窍

无论是水平多高的学生，总会有需要导师鼓励和支持的时候，尤其是在研究项目的初期。事实上，在很多情况下，导师的职责并不是向学生提供关于论文内容本身的具体建议，而是鼓励学生，帮助他们树立自信心。

想象一下你参加教师讨论会，在关于研究生的讨论中听到以下案例。

案例2.7 缺乏自信心

英语系的詹米·思马斯(Jamie Smuth)博士在讨论会上讲述了他的一个学生米莱尔·菲尔德斯特(Mirelle Feldster)的故事。米莱尔·菲尔德斯特在六个月前开始攻读博士，方向是哥特式风格对威妮弗蕾德·霍尔特比(Winifred Holtby)小说的影响。她花了四个月的时间写了论文的其中一章,是关于威妮弗蕾德·霍尔特比的服役经历和"一战"文学的。詹米·思马斯博士要求她重写那一章时,她哭着跑出了教室。思马斯博士感到尴尬、诧异,不明白自己做错了什么,事后才从另一个同学那里了解到,米莱尔一直觉得詹米认为她不够聪明,没有天赋读博士,所以她总是担心自己做错事。但事实是,詹米对米莱尔充满了信心,认为她很有能力,但不知道该怎么做才能让她认识到这一点。

詹米·思马斯显然需要进一步明确自己批评的性质,也就是说,要将对学生文章个别的批评与对学生综合能力和学生所选研究项目的负面评价区分开来。他也需要让他的学生更加明确他衡量论文的标准和尺度。应该让学生们懂得,导师给予的启发性的评论是以最高的学术标准为依据的,是为了尽可能地提高学生的学术素质,但这类批评并不意味着学生水平不佳,也并不意味着他们达不到标准。作为老师,很难想象出学生对自己的潜力会存在那么严重的怀疑。老师们一个不小心就会打击学生脆弱的自信心,甚至造成学生彻底的自我否定。案例2.7中的案例比较戏剧化,但并非不可能发生,案例2.8也证明了这一点。

案例2.8 欧文·格利菲斯(Owen Griffith)

欧文·格利菲斯是卢西恩·贝克斯(Lucien Bex)指导的博士生。一天,保罗的博士生梅瑞迪思·克瑞尔(Meredith Crale)发现欧文在洗手间撕论文手稿,并把碎纸放到洗脸池里烧。原来贝克斯教授批评了欧文论文的其中某一章,欧文于是就要毁了整篇论文才觉得干脆。梅瑞迪思费了很大劲才把剩余的手稿从欧文手里抢救了出来,送到保罗的办公室保存。保罗找到了贝克斯教授,告诉他欧文需要明确的指导——劝欧文放弃,或者肯定他的能力,并告诉他论文不理想并不意味着他的能力值得怀疑。贝克斯教授之前根本不知道他的学生会如此脆弱。

有经验的成功导师明白,在适当的时候,他必须夸奖他的学生,告诉学生,他干得非常出色,因为学生所取得的成绩就他所处的研究阶段而言的确是值得肯定的,学生会在鼓励中不断进步。批评,即使是恰如其分的批评,也会在某些时候削弱学生的信心,使他们丧失动力。美国社会科学家哈维·萨克斯（Harvey Sacks）曾指出，在生活中每个人都会不得不说假话。我们的理智和社交技巧都决定了我们无法总说真话。在这个意义上，导师们常常需要说谎。当然，你可能会非常幸运地遇到极其出色的学生，学习从不懈怠，工作无可挑剔，也从不自我怀疑，在这种情况下，或许你就不需要小心翼翼地回避令人不快的事实了。然而在大多数情况下，策略性地给予意见和批评是非常必要的。明智地使用"善意的谎言"能使学生不断进步。任何有判断力的学生都会意识到自己还有许多不足有待日后改进。我们并不提倡导师对于成绩明显不够格的学生以及研究方向错误的学生都一味地鼓励。这样的误导显然对谁都没有好处，研究方向错误应该在第一时间给予指出和纠正。不符合标准的论文也不应该得到不切实际的表扬。然而对于有能力的学生，导师应该有选择地给予建议和批评，使他们树立充分的自信以应付长达数年的独立研究工作。有经验的导师会给予学生明确的正面评价，他会说"我对这很满意"，"这篇文章看起来不错"，"这个用来做博士论文非常好"，而省略诸如"对一个6个月的新生而言"，"在修改6到8遍之后"这类的限制短语。敏感的导师会认识到，在错误的时机通篇地、细节性地批评学生正在改进的论文会伤害学生，使整个研究进程停滞。大部分学生和大部分学者一样，自信心需要别人来维持，所以导师要掌握给学生打气的技巧，否则就会影响到师生关系，阻碍研究工作的进展。

我们并不是建议导师完全放弃学术批判的标准。就像我们已经指出的，不加分辨的鼓励是不合适的。但学生需要导师清晰的肯定与支持，而导师则应该在权威性的批评、独断的批评和伤害学生的负面批评之间加以区分，应该允许学生开展研究，并小心地给予指点和评估。导师要时刻牢记在心的是，即便是最出色的学生也需要别人肯定他的水平，得不到这种肯定，他就有可能半途而废。

暗示敏感和暗示不敏感

在指导学生初期，一个好导师在建立良好的师生关系过程中会注意到一个问题，即了解学生是对暗示敏感（cue-conscious）还是对暗示不敏感（cue-deaf）。这些术语产生于米勒（Miller）和帕列特（Parlett）在1976

年对法律专业毕业班学生的研究,埃格雷斯顿和德拉蒙特在1983年对教育学学生的研究中也用到了这些术语。米勒和帕列特将法律专业的学生分成三类:寻找暗示型、暗示敏感型、暗示不敏感型。寻找暗示型的学生为数最少,他们会积极地"与体制合作"。也就是说,他们会询问老师评审的形式和内容,调查校外评审人的身份和学术领域,在老师面前表现他们的能力和对学科的浓厚兴趣。暗示敏感型的学生对有关评估的信息十分警觉,但他们不会主动地去获取这类信息。暗示不敏感型的学生则认为,给老师留下好印象是没有必要的。对提高成绩有帮助的信息,他们也常常会置若罔闻。暗示不敏感型的学生只相信勤奋与美德,他们总想对自己的论文进行"通篇修改",因为在导师提醒他们要有选择性时,他们根本没有在意,他们对自己选择的论题又往往信心不足。相反,寻找暗示型的学生则会利用搜集来的信息对自己的论文进行极有针对性的修改。举个例子来说,他们会参考过去的试卷,然后问老师:"里吉娜诉麦柯凯案(Regina v. McKay)已经好几年没考了吧?"试图以此来试探这个案例是否值得花力气复习。这类学生获得学位的成功率非常高。

埃格雷斯顿和德拉蒙特(Eggleston and Delamont,1983:39—45)用同样的方法对英国教育研究协会所调查的学生进行了分类。84名受调查者中有21名被认为是暗示不敏感型的,他们对学位评审的信息漠不关心。早前在本章里我们已经引用了柯林·艾夫斯的例子来说明这类学生的特点。我们还会在接下来的几章里继续讨论如何指导这类学生。这里我们想要强调的是,有必要尽早地用暗示敏感度来对学生进行分类,了解他们的特性,因为如果学生是暗示不敏感型的,那么导师就应该将研究阶段各个方面的要求尽可能明确地告诉学生。这种个人学术风格的分类并不是绝对的,也不代表性格差异,所以操作起来并不需要太过死板。然而这种分类法无可否认地明确了学生与学生之间的很多差异,而这些差异会对他们将来如何展开研究工作以及导师该如何对他们进行指导产生重要的影响。就如导师必须小心地鼓励那些特别要强或自信心较薄弱的学生一样,导师对那些暗示不敏感型的学生也必须区别对待,与他们交流时要比平常更加清晰明确地传达意思。如果导师没有注意到学生是暗示不敏感型的,因而没有把意思表达得足够清楚,就有可能造成师生之间的误解,使双方都感到不快。导师可能会以为学生已经听懂了他所解释的过程、责任及其他方面的问题,而学生其实并没听清楚,还会埋怨导师没有给予足够清晰的说明。

个性和工作关系

高学历的学生与导师之间的关系可以有多种形式。我们已经在前面提到,师生间保持清楚的、有利产出成果的、互助方便的指导关系非常必要。没有这样的基础,工作就很难进行,师生双方都会有挫败感。除此之外,学生是否努力还取决于他的个性,他所在项目组的集体活跃程度,以及系和系里老师的素质。有些研究生和导师之间能建立起紧密的合作关系和深厚的友谊,并在研究项目完成后数年仍保持这种关系。事实上,大部分学术工作所需要的人才网络和资源都是以这种关系为依托的。你所指导过的一批又一批学生,以及你曾组织起来的各个课题小组,都为长期的合作关系奠定了基础。这种人际网络构成了一个成功学者的"文化资本"的一部分。这种关系和它的价值并不只局限于学术领域。来自工业、公共事业部门和其他部门的研究人员也能成为人际网络的重要成员,他们能够提供日后合作的机会、研究所需的资料和他们在各自领域的专业见解等。

由一批研究生、博士后以及高级学者组成的活跃的课题组在自然科学领域比在人文社科领域更为普遍。值得注意的是,一个正式的课题组——这类课题组对实验室学科格外重要,它提供了合适的研究氛围——为发展人际关系和其他合作机会提供了一个很好的场所。在人文和社会科学领域,发展研究生院和提供正式培训也同样能创造社交环境。然而人文社会科学学生的研究工作和进展会更多地取决于他与个别导师的关系,而非整个课题组的努力。

无论是在哪种情况下,尤其是当导师与学生一对一的情况下,应该在早期就确认师生关系是否良好,是否有利于工作进展。如果结论是否定的,那么就必须尽快地采取解决措施。现在的学术机构里一般都有明确的关于怎样更换导师的规定。当然,在一些规模较小的系或者在高度专业化的研究领域,换导师并不是一件轻而易举的事。但是尽早地发现问题并解决问题,总是要比无视问题存在来得更好。那种不顾师生之间性格差异、工作和思维方式的冲突而勉强将关系维持下去的做法是不值得鼓励的。在以后的章节里,我们会讨论很多师生关系的问题,并提出相应的解决办法,这里我们就不再详细探讨了。需要指出的是,师生之间的任何矛盾和不和谐都不是一方的错,我们不应该指责谁、埋怨谁,而是要把它当做一个如何更好工作的实际问题来解决。系主任、研究生院院长、副院长以及任何相关负责人,都应该有解决这方面问题的程序和办法,并在适当的时候进行建设性的协调。

从我们的采访中可以清楚地看到,导师与学生间的亲密程度有很大的差异。有的导师会故意与学生保持距离,把与学生的交往限制在正式的师生关系范围内。有的导师则非常愿意与学生建立起友谊和亲密的关系。

这就引出了一个潜在的极其敏感的话题:导师和性。性的问题只出现在较少数的例子里,但它的的确确存在着,并且以三种类型出现:性骚扰、师生都情愿的基础上发生的性关系、研究项目中的性问题。

性骚扰

在 BERA 的研究中,埃格雷斯顿和德拉蒙特(Eggleston and Delamont, 1983)从杰拉尔丁·马西(Geraldine Marsh)那里得到了一个关于性骚扰的案例:

"我原先的导师以同女生调情而闻名。他对我来这套时,我给了一个让他不快的回应,他于是便对我耿耿于怀。我们的关系越闹越僵,所以我申请换了导师。"

我们也曾听过类似的故事:一个男讲师的某些行为触犯了他的三个女学生,其中一个还声称,在她拒绝了他的要求后,他就中止了对她的一切指导和帮助。这方面可能会存在误解:男性教师,尤其是来自不同文化、阶级和宗教的男性,有时可能意识不到自己的某些举动有性骚扰之嫌。有时一些心智过于敏感的女生会把男性的很多不经意的行为都误认为是性骚扰。权力不平衡使师生之间建立友好和谐的友谊变得相当困难。总的来说,要避免性骚扰之嫌,老师在未经学生明确允许的情况下不要触碰学生的身体、开玩笑,或叫学生昵称时要非常小心,不去询问学生的私生活和感情生活,避免与学生单独参加活动或旅行。性骚扰的问题和下面要谈到的师生之间的性关系问题是有重叠的。

学生与性

师生的地位差异把任何师生间你情我愿的性关系都复杂化了,同性恋和异性恋都是如此。我们的建议是,当师生间产生感情时,学生应该申请更换导师。这方面导师也可以借鉴医生与病人交往时的一些原则。

研究项目中的性

如果项目本身与性相关,或者导师与学生在涉及性的某些问题上意见不一致,那么就有可能出现问题。菲利达·塞尔门(Phillida Salmon, 1992:115)举了这样一个例子:

> "我指导过的另一个学生非常友好,也很勤奋,他的学业很出色。然而他的研究方法总让我觉得有点不舒服,我当时没在意,和他工作了两年后才发现,他对他的女性采访对象怀着一种明显的色欲。我在那时才中止了我们的合作,其实这样的合作从一开始就是错误的。"

性行为问题只是我们前面讨论的普遍性问题的一个延伸。这些普遍性问题包括如何在师生的指导关系问题上建立和调整合适的预期、界限和相互的责任。它们同样也使我们认识到,研究阶段的师生关系是多么重要。没有必要为了体现研究工作的紧密合作而与学生保持过于亲密的关系。学生往往因为各种各样的原因而必须依赖导师,不光是纯研究方面的原因,比如为了得到研究设备、技术建议和全面的监督,还有不那么显而易见的原因,比如在信心上得到支持、通过导师建立人际关系网络。导师的职责就是要在投入与超脱、指导学生与培养学生自立之间寻找平衡。我们在第3章里还会谈到这个寻找"微妙的平衡"的问题。

3
引导学生合理设计与规划研究课题

> 如果真有发展,对于我们老一辈人来说,要想在传统与发展之间保持平衡也是十分困难的。
>
> （Sayers,1972:44）

引　言

来自托里斯哈斯特大学的地理学家克拉皮勒（Crupiner）博士告诉我们:"在让学生做他们自己设计的课题和给他们一个好的课题之间创造一种微妙的平衡这个问题给我带来了极大的困扰。"我们在1990年与1993年间采访了众多社会科学与自然科学领域的导师,克拉皮勒博士以上的描述最为简练地概括了他们共同面临的尴尬局面。让学生独立开展研究和给学生布置研究课题之间的平衡很难掌握,这也就造成了克拉皮勒博士所说的困惑。其他的学者也同样使用了诸如紧张、矛盾一类的词来形容他们的经历。他们谈到,研究过程的各个关键阶段都很艰难,需要协调矛盾、找到平衡,不光是选题阶段,还包括设计研究方案、采集数据、分析数据和完成论文各阶段。在每个阶段,导师们都感到同样的一种矛盾——一方面希望管好学生,另一方面又想给学生自由,不愿干涉。监督指导学生和给学生自由两者该如何协调,是令很多导师为难的问题。

纳丁顿（Nuddington）博士是博布里奇大学的社会科学家。与其他一些同事相比,他对学生的指导监督要宽松很多:

"我的一些同事会给学生写好详细的日程安排,让他们按部就班地做,我比我的那些同事要随便一些。我觉得不应该管太多,因为那样只会把我自己的意志强加给他们。是他们在念研究生,而不是我。"

对自然科学家来说,他们有若干研究小组,每个研究小组由研究生、博士后组成,他们分别研究资助项目中的某一问题,而这些问题又是紧密相关的,在个人的研究课题和整个研究项目之间有一种张力。来自欧特科贝(Ottercombe)大学的自然科学家南奇维尔(Nankivell)教授这样向我们解释:

"我经常在脑子里权衡指导学生需要的尺度,我的结论是:这取决于学生本人。就拿我指导的一个理科研究生来说,他需要我手把手地教。我可以选择不留情面地赶走他,这样我就可以集中精力把自己的研究做完,但这对他没有好处。所以我总是试图权衡各种因素,既要顾及自己手头的工作,又要培养学生的研究能力,这可不是件容易的事。"

究竟是给学生布置研究任务,还是随他们自行其是,这个问题的答案已经随着一项政策的改变而改变了。今天,研究的资助方开始要求对出现学生迟迟交不出研究报告的机构进行处罚。这使得一些接受我们采访的导师开始调整自己的指导策略,比如来自托里斯哈斯特大学的社会科学家克拉皮勒博士:

"有时候学生不愿意见到你,因为他们怕你抢走了他们的研究成果,所以我对他们说'这个课题很好,你应该这么去做'的时候,总是会有这方面的担心。但现在因为有了研究的时限,我会比较明确地鼓励学生,而在过去我会尽量避免那么做。这曾给我带来许多困惑。"

对来自 ESRC 的持续增加的压力和保持微妙的平衡的困难问题,拉奇顿(Latchendon)大学的社会科学家威夏特(Wishart)博士也发表了类似的意见:

"研究生的研究课题应该是你和学生都感兴趣的。你们共同发展。目前,ESRC 正在施压,要把博士项目压缩到三至四年,其实我个人认为,研究生阶段只是整个学术事业的一个起点……作为导师,我不会对学生说:'你必须在四周内把第 1 章写出来,10 个月里把论文写完。'我更愿意让学生自己去寻找合适自己的节奏,而且我认为这也是研究生阶段学习的一部分。很多研究生都会觉得孤独无助,但他们必须努力克服困难,并且寻求导师的帮助。我可以时不时地推他们一把,我可以对学生说:'你过去的两三个星期里都做了些什么?'但这种作用是有限的。到了最后,我还是要给他们设置障碍,而他们则必须克服这些障碍。在我这方面,没有必要为他们演示如何克服障碍,有的学生在这方面会比较机灵,有的则需要更多的指导与帮助。"

来自欧特科贝大学的自然科学家迈森(Mincing)博士在采访中向我们描述的情形是最应该避免的。他谈到自己的学生时代时说:"我的导师……之前从来没带过研究生,而他第一次就同时指导四个研究生。第一年我们四个就围坐在他的房间里,几乎没做什么事情,整天摆弄拇指,基本上什么事都没做成。"

这一章就是要帮助导师与学生,使他们从"摆弄拇指"的状态中走出来,真正开始设计富于成果的研究方案和写出论文。如果学生要去听一些课,那么导师就可以组织他们讨论上课的内容,并且评价与课程有关的口头和书面作业。与学生讨论课堂讲授的内容可以起到三方面的作用。首先,导师可以以此来检查学生是否真去上课了!其次,导师能够从讨论中了解上课的内容是什么,以及它们在多大程度上与每个学生的研究有关。最后一点,导师可以从学生对课程的反馈中了解他们的专长和弱点:如果学生认为伦理学方面的一切讨论都是没有意义的,或者选定了一种研究方法后就排斥其他方法的讨论,那么导师就有必要开拓学生的视野。

初期指导学生的内容清单

当你正处在指导学生的初期时,以下几点对于指导学生非常有帮助。我们在卡迪夫使用的材料中提到了选择研究课题时要注意六点:"选课题要考虑六条标准,你应该在分到导师后就尽快根据这六条标准与你的导师讨论选题的问题。"这六条标准是:兴趣、时间安排、论文字数、可行性、研究方法和理论观点。

学生会喜欢研究这个课题吗？（兴趣）

学生需要有很强的动力才能完成一篇论文。研究课题，无论是布置给学生的还是学生自主选择的，都必须能够激发他们的想象力。如果他们觉得课题无聊，就很有可能完不成论文。一个好的导师会详细地询问学生的兴趣，考察课题是否合乎他们的兴趣，并要求学生评估他们对课题的投入程度。值得指出的一点是，导师不应该将自己的兴趣与学生的兴趣混淆起来。你应该问问自己有没有凭着你个人的研究偏好来指导学生。同样，你也不能因为个人对某个课题不感兴趣就给学生泼冷水。

时间安排

其次，导师通常比学生有经验一些，所以对研究项目的时间安排也会更合理一些。导师应该让学生考虑以下几点：论文什么时候必须写完？什么时候要交？交论文最早和最晚的日期是哪天？你打算在什么时间将论文完成？然后，导师可以让学生绘制一张时间表，并且考虑如何依据这张时间表来设计一个适合的项目。在我们的研究生课堂上，我们常常故意设计一些存在很多错误的时间表，作为反例拿给学生看。我们让学生找出其中的十处错误，学生在这个过程中也就学会了怎样科学地规划时间。一张现实可行的时间表是很有用的，不现实可行的时间表只会让人丧气，所以应该让学生们定期调整时间表，确保它始终是现实可行的。这里给出的三张时间表分别是关于社会调查、地质勘察和历史研究这三类项目的。每一张时间表都是精心设计出来的，存在着很多学生们易犯的错误。如果这三张表对你的学生都不适用，你也可以自己设计一张来让他们找错。这里我们不打算把表中的错误全指出来，只提一些最明显的。社会学项目的那张表里，大量数据采集的时间都被压缩到了圣诞节和新年，没有留出足够的时间用来将问卷结果进行电脑处理。地质学项目的那张时间表存在的错误是高纬度的勘察任务被安排到了积雪数米厚的严冬。历史研究的那张表则没有顾及档案不是任何时候都可以查阅的。三张时间表（表3.1—表3.3）的通病是，过早地完成了文献综述，而正式开始写论文的时间推得过晚。

3 引导学生合理设计与规划研究课题

表 3.1 社会学博士研究时间表

一份不合理的时间表样本，项目内容：研究医务工作者

	2004	2005				2006				2007		
	OCT DEC	FEB	APR	JUN	AUG	OCT	DEC	FEB	APR	JUN	AUG	OCT DEC FEB APR JUN AU
1. 文献综述	———											
2. 联系采访对象所在组织			———									
3. 准备问卷												
（1）设计				———								
（2）翻译					———							
（3）预测试							———					
（4）执行								———				
4. 调查												
（1）修改问卷												
（2）实地考察												
（3）进行调查												
（4）编辑和数据处理												
（5）电脑数据分析												———
5. 分析研究结果												
6. 汇集数据和写论文												———

表3.2 科学博士研究时间表

一份不合理的时间表样本，调查在瑞士进行

	2004		2005					2006					2007	
	OCT	DEC	FEB	JUN	AUG	OCT	DEC	FEB	APR	JUN	OCT	DEC	FEB	API
1. 文献综述	——	——												
2. 海拔3700米实地考察		——	——											
3. (1) 分析考察数据				——	——									
(2) 计划研究														
4. 海拔3700米数据采集						——	——							
5. (1) 整理样本								——	——					
(2) 样本编号														
6. 电脑数据处理										——				
7. 分析结果											——	——		
8. 整理数据和写论文													——	——

表3.3 历史专业博士研究时间表

一份不合理的时间表样本，项目：伊丽莎白·维宁(Elizabeth Twining)的生平	2004		2005					2006					2007		2008
	OCT	DEC	FEB	APR	JUN	AUG	OCT	DEC	FEB	APR	JUN	AUG	OCT	DEC	FEB	APR
1. 文献综述：对现有出版物进行研究																
(1) 伊丽莎白·维宁的家庭	——															
(2) 维多利亚时代的慈善事业		——														
(3) 中产阶级女性			——													
2. 获得访问权																
商谈以获得档案馆的访问权			——													
为去档案馆做准备					——											
3. 在档案馆进行研究						——										
4. 分析研究笔记												——				
5. 写论文														——————		

论文字数

导师有责任阻止学生开展规模过于宏大的项目，因为这会导致学生采集比实际需要多得多的数据。导师知道字数的限制，并且可以根据字数来设计项目。可以重点提醒学生：论文字数的上限是多少？依此设计项目，以便将研究成果写成符合字数要求的论文。作为导师，你应该有能力帮助学生计划一个这样的项目，保证学生的论文能控制在相关学位要求的字数范围之内。第2章柯林·艾夫斯的例子已经向我们说明了，学生并不一定知道写论文是怎么回事，也并不一定知道该怎么去设计项目，而导师们则往往容易相信学生是有这种能力的。

案例 3.1　字数过多

彼得·罗森（Peter Rosen）攻读教育博士学位。论文的字数规定在 40 000 左右。他原先的导师退休后，彼得转到了萨拉的指导下。这位新导师发现，彼得已经写了 100 000 字的论文，却还没开始分析数据。这使接下来的指导变得非常困难。萨拉提醒了他字数上的限制，并鼓励他开始分析和汇总数据。最后他们还要解决的难题是，怎样把 100 000 字的文章减到 20 000 字，为阐述结论留出空间。

可行性？

可行性也是一个需要考虑的问题。做研究的新手往往认识不到操作可行性和"政策"可行性牵涉的一系列问题。导师可以让学生尽可能现实地考虑以下问题：你是否能够到达考察地点？是否能够获取数据？你需要什么样的实验器材？从哪里收集建议？有哪些电脑软件供你使用？导师在估计操作可行性和政策可行性方面应该会比学生实际一些。举个例子来说，去野外采集地质数据会花去很长的时间，新手往往会低估时间长度。来自欧特科贝大学的地质学在读博士生斯欧·卡拉斯（Theo Karras）这样描述自己的第一次野外考察："我花了很长的时间，仅仅为了在岩石上找到我想要看到的东西。"他设计第二次野外考察比第一次现实了很多，然而他还是遇到了新的问题："那个地方很大，所以我决定租一辆车……我把要租车的原因向英国自然环境研究委员会

(NERC)进行了解释,可他们拒绝承担租车费。"导师以及一些较有经验的博士后可以在项目设计阶段帮助新学生。要鼓励学生主动就可行性问题与有经验的老师进行探讨。

对于社会学学生,是否能够进入某些场所开展调查,以及是否能够找到足够多的人接受调查,这都是很典型的可行性方面的问题。在20世纪70年代和80年代的南威尔士地区,当地的教育机构不允许任何人进行涉及智商测试和学生对教师评估的调查。了解这方面信息的导师就可以防止学生在设计这些不可行的研究项目上浪费时间。

案例 3.2　不可行的论题

格斯·戴利(Gus Daly)打算写一篇关于结肠造口术(通过外科手术制作人工肛门)病人病史的博士论文。他的导师很支持他,帮助他获得了访问病人需要的批准。于是格斯来到了一个病人互助组对病患者进行采访。然而病人病史的描述让格斯觉得恶心。格斯和保罗都认为这不是一个明智的论文主题,假如格斯不能忍受"血迹斑斑的细节",他根本无法继续这方面的研究。

研究方法

第五个衡量标准就是选择研究方法。学生们应该掌握一定的研究方法,积极使用这些方法,并且相信使用这些方法得到的结论。要求学生重点注意以下几点:他们的论文使用的数据收集方法和数据分析方法(1)他们是否相信?(2)他们是否能够使用,或者能够学会使用哪些方法?他们在采集和研究数据时必须选择这样一种方法,他们要相信它的科学性,并且有能力通过学习很好地掌握它。研究方法的选择对社会科学和某些人文学科有格外重要的意义。因为在这些学科领域,认识论的很多问题尚存在争论,所以采集和分析数据采取哪种方法在很大程度上具有理论和哲学上的倾向性暗示。在自然科学领域,方法的选择则完全是另一回事。一般情况下,科学实验采用的方法是被相关研究人员共同默认的。研究生在这方面遇到的问题主要还是可行性方面的:能否在实验室操作我选择的技术?如果我要学习新的技术,应该找谁?这方面,导师的职责在于保证学生掌握所需的技术,或者正在为掌握技术接受培训,听取建议。社会科学和人文学科的导师与学生也会面临同样的问题。学生们为得到信息,可能需要学习新的技能:历史学研究人员可能需要掌握某种外语,学会怎样辨认和解读历史手稿,学习使用电脑软件,等等;社会科学工作者则需要掌握多种数据采集的技巧,熟悉分析数据的步骤,包括熟悉电脑操作。学生和导师不仅要决定使用哪些研究技能,更重要的是,他们还必须共同寻找掌握这些技能的途径。正规的培训课程不可能覆盖所有的研究技能,导师也不可能什么都懂,所以帮助学生找到最好的信息来源,使学生获得最有用的帮助和建议是非常必要的。在实验室学科里,往往由博士后将积累的具体经验传授给新来的研究生,而导师则提供一些普遍性建议。其他学科其实也是如此,研究组的同事以及一些较年长的学者往往能提供最新的技术信息。

理论观点

第六条标准并不一定对所有的学科都适用,但在很多情况下,理论观点是一个值得考虑的问题。学生应该愿意接受自己的理论观点,在学术上坚持它,并通过学习不断地发展它。学生应该在写论文之前就确立一个明确的理论观点,避免在论文进行中途因为要调整理论观点而不得不重写。再次需要强调的是,社会科学和人文学科因为还存在着很多关于理论和认识论问题的激烈辩论,所以选择一个理论观点对这类学科格外重要。在社会科学和人文学科的语境里,理论一词的含义不同于实验室学科的定义,它暗示了一个人对世界万物的基本看法,他看待问题的出发点,解决问题的途径以及他对待学术传统的态度。对很多学生而言,谈论这个层面上的理论选择是很不实际的。因为许多人在开始研究工作时就已经有了自己坚持的学术风格和理论"立场"。事实上我们认为,研究生过早地确立了理论立场,对立场的坚持也过于刻板,不是批判性地检验理论,而是把理论当成了信仰。当然,在通常情况下,学生与导师之间的合作关系是建立在彼此观点相似的基础上的,尽管师生观点相似并不一定有助于批判性地考察基本的前提假设。应该鼓励学生在特定的研究模式里仍保持批判的态度,在接受了某一理论观点之后仍愿意去了解其他观点,包括那些与自己观点相冲突的观点。学术研究不是建立在激情和信仰的基础上的,为了使学生尽可能客观地审视他们的观点,导师有时不得不扮演"地狱使者"的角色,无情地质疑学生的理论。

道德准则的重要性

学生们可能意识不到道德问题有多重要。比如社会学学生可能不了解,他们必须非常小心地保护向他们提供资料的人的隐私。学生们即使无意违反道德准则,也会因为无法预计研究可能带来的后果而陷入困境,对于争议性问题的研究尤其如此。所以我们有必要对研究项目做仔细的思考。缺乏经验的学生往往无法预想研究的所有可能后果和意义。导师们必须确保学生充分了解道德准则和规范,特别是试验性研究的指导原则(关于对动物进行试验的规定尤其值得注意)、职业行为准则、法律法规(比如英国的数据保护条例以及其他类似的法规)、全国或当地道德委员会的规定,等等。对于只获得了本科学位且从未搞过独立研究的学生,导师有必要细致系统地向他们解释道德准则及其实际意义。当研究课题具有特别的重要意义时(很多学科都会产生这样的课题),学生应该想清楚研究对社会和他本人可能产生的影响。

在这方面,学生可能会从案例3.3这样的小故事中获益。

案例3.3 校外评审人的哥哥

拉尔夫·帕顿(Ralph Paton)在做博士论文研究时采访了20名某建筑学校的招生老师。在进行论文答辩时,一个来自外校的评审人萨拉没有发现什么问题,但另一位校外评审人鲁斯·凯特灵(Ruth Kettering)却在答辩一开始就指出了拉尔夫的一处失误——他的研究报告没有把受访者的身份很好地保护起来:接受采访的20位招生老师中有一个是她的哥哥——一位著名的建筑师。任何学过建筑学的人都能一眼就从报告中认出他来。鲁斯要求拉尔夫修改论文,保护她哥哥的隐私。

英国目前的研究生课程中有一门关于道德准则的必修课,但学生未必能把课堂上的知识应用于实际研究。由于导师能够预料研究将会涉及的一些道德问题,导师和学生应该在研究初期就进行这方面的讨论,为可能遇到的问题做准备。如果研究项目需要申请利用动物许可证或牵涉到数据保护协议,导师应该在研究一开始就和学生谈这些问题。学生也可以在自己对这些问题印象还很深刻的时候将它们以书面形式记录下来。

研究设计

当学生设计他们的论文研究项目时,导师也要保证学生们正在进行超前的思考。学生不仅应该计划好论文成形后的基本框架,还应该如我们前面所谈到的那样,拟定一张粗略的时间表,并向导师展示研究设计、论文计划和工作时间表。而这些都需要规范的评价并进行修订:在整个项目实施的过程中,导师与学生定期地讨论计划和时间表是非常有益的。

由于研究设计取决于研究对象本身,所以在这方面我们能提供的普遍指导原则非常少。然而有一点对导师来说是非常重要的,那就是导师应该牢记学生缺乏经验,他们不一定知道该如何进行导师的学科领域的研究:正是因为他们正在学习如何进行设计和开展研究工作,他们需要导师的及时指导。导师可以让学生尝试自我批评的方法,这样可以让学生看到每一种方法的局限性。如果进行的是实验室研究,那么学生可以从刚完成了研究项目的博士后那里了解到校外评审人如何考察研究小组的研究方法,以便对各种方法的利弊有更全面的认识。

在社会科学领域有数以百计关于研究方法和项目设计的参考书,导师可以鼓励学生们利用这些文献资源来更好地做决策。在如何处理来源不同的数据方面,导师的专家级意见对学生日后培养相关技巧会有帮助。社会科学工作者需要认真考虑的方面还包括如何选样、如何获取人口样本、道德准则问题和研究方法的选择问题。在越来越多的情况下,导师需要告诫学生,项目的时间会拖得很长,学生们有必要对决策和方案设计的过程做一个记录。人文学科和社会科学的学生即便是在研究的最初阶段也应该保持写作的习惯,我们在下一个部分之后将就写作提一些很好的建议。不过首先我们要讨论的是数据访问权的问题,这个问题涉及的主要是社会科学研究人员。

帮助学生获取数据访问权

学生通常不需要帮助就可以访问数据库/研究网站/人口样本。然而作为导师,鼓励学生与自己探讨访问权的问题并且让他们记录研究进程仍然是非常重要的。表 3.4 中的资料主要是针对社会科学的导师的。考虑到获取人口样本对社会科学研究的重要性,我们将用几堂课的时间来讨论这个问题。

对人文学科而言,需要的相关研究材料一般情况下属于公共资源,如果材料不属于公共资源,学生可能会需要导师的帮助。举个例子来说,如果你指导的一个历史研究人员正在写伊丽莎白·维宁的传记,而你又恰好曾和维宁家族年轻一辈的一名成员在牛津大学一起学习过,那你就可以为你的学生写一封介绍信。下面这个巴星顿-弗兰奇(Bassington-ffrench)家族档案库的故事提供了这类通过"老朋友"得到帮助的典型例子。

案例 3.4　巴星顿-弗兰奇家族档案库

20 世纪 70 年代,萨拉的一个同事玛丽·德本翰(Mary Debenham)正在写一本关于 19 世纪诺维奇和切斯特(Norwich and Chester)地区教育体制的书。巴星顿-弗兰奇家族曾在当时创建了切斯特地区第一所技术学校,而萨拉碰巧在剑桥认识了该家族的成员威廉·巴星顿-弗兰奇。她于是给威廉写了一封信,并托他将信转交给他的爷爷托马斯(Thomas)。这样一来,玛丽·德本翰得以采访到托马斯,从而了解到他的家族当年创建技术学校的经历。更为难得的是,玛丽还被允许阅览私人收藏的家族档案。

表 3.4　访问权(学生材料)

为你的研究争取访问权有可能花去大量时间,你有必要谨慎,并且应该与你的导师商量,同时还必须把你的努力经过记录下来。在印象深刻时把事情记录下来对研究是很有必要的。关于民族志研究方法的书籍会用好几个章节来讨论访问权的问题,比如哈默斯利(Hammersley)和阿特金森在 1995 年写的《民族志:实际研究原则》(*Ethnography: Principles in Practice*)以及伯吉斯在 1984 年写的《在考察地》(*In the Field*)。关于设计调查问卷的书籍则并不太多讨论访问权的问题,所以即便你计划学习的课程是调查问卷的设计,你也可以读一本民族志书籍中关于访问权的那一章,以更好地了解这方面的信息。

(续表)

需要注意的几个基本问题

1. 你的研究是否需要与道德委员会、地方教育局（LEA）或其他政府机构打交道？这个问题需要调查清楚——你必须对这些机构的规则和办事程序有所了解；另外，你必须为整个流程留出足够的时间，你也可以与你的导师讨论怎样和这些机构打交道。

2. 你所要访问的数据库的"看门人"是谁？可以调查一下做这方面决策的人是谁，看看你认识的人中是否有人和那些"看门人"有来往。如果系里的一个同事是他们的同学，或者你以前的班主任是他们的朋友，或者他们曾在你的学校攻读过教育专业学位，又或者其中一个"看门人"的配偶与你导师的侄子同在一个板球队……总之，要利用所有能利用的人际关系。

3. 仔细考虑写信的方式。是手写还是打印？寄件人地址是家还是学校？（千万要防止拼写错误！）

4. 如果你要与数据库管理人会面，应谨慎考虑着装问题。你的形象对你是否能得到访问权非常关键。

5. 不要做不能兑现的承诺。

6. 记住获取访问权是一个过程，不可能一次成功。

7. 记录整个过程，保留所有相关文件的副本。

8. 应该在商讨访问权的同时做笔录。

9. 阅读关于获取访问权流程的参考书。值得推荐的有林德·瓦里（Linda Valli）在1986年写的《如何成为一名文员》（*Becoming Clerical Workers*）以及法恩（G. A. Fine）在1983年写的《共同的梦》（*Shared Fantasy*）。（关于访问权问题的讨论通常出现在书的方法论附录中。）

许多人文学科和社会科学的新研究者在一开始总是会被访问权商讨的进程之慢困扰。随着研究出资方越来越多地要求大学将学生的研究限制在三年之内，访问权商讨占去的大量时间越来越成为一个问题。保罗的经历就是一个很好的例子。

案例3.5 拖延了的进程

当保罗开始博士论文研究时，曾向一所苏格兰的医学院申请病房观察的资格。他的申请最终获得了批准（Atkinson, 1981, 1984），但这花了整整一年的时间。那时，由于没有提交论文时限的规定，申请时间之长并未给保罗和他的导师带来太大的问题。保罗等了一年，并在同时找了一些其他事做。然而在今天，没有一个导师会允许学生在等待审批上花去一年的时间。

很多学生在完成课题设计后会有一段空闲的时间，他们容易在这期间松懈下来。一些导师会建议学生在完成设计后开始文献研究，还有一些则将下一步安排为试点研究。自然科学学科的学生可能需要开始装配实验所需的器械。我们推荐的"下一步"是鼓励学生开始研究方法部分的写作。我们将接下来对此进行讨论。

尽早写作研究方法章节

对许多从事社会科学研究的学生来说,尽早写作研究方法章节是值得鼓励的,因为这可以让导师了解学生是否需要帮助。如果学生写论文需要帮助,导师越早了解这一点越好。相反,如果学生的论文写作能力很强,导师对手稿的及时肯定也会有效调动学生的积极性,所以鼓励学生在研究早期就起草论述研究方法章节是明智的。我们在这里给出了表3.5(学生材料)和表3.6(学生作业)。为了帮助社会科学学生了解方法论章节应该包括什么内容,我们让学生们扮演校外评审人,并让他们分组讨论作为评审人应该对论文的这部分有什么要求。表3.6是为社会学研究生准备的:我们引用的第二个例子参考了巴巴拉·海尔(Barbara Heyl) 1979年的著作。这两张表对社会学以外学科的很多学科也有参考价值。

表3.5　方法章节/附录

你的论文一定会涉及研究方法的讨论——整个一章/一章的部分/附录。
对方法的讨论应该包括四个部分:
1. 讨论你使用的研究方法的相关学术文献。
2. 指出至少一项使用了相同方法的其他研究参考文献。
3. 描述当你使用该方法时它们是如何工作的(描述应该诚实而不自夸)。
4. 在附录中列出你使用的所有研究仪器。
第一项和第二项能证明你的确研究了相关文献,而第三项和第四项则能为想要模仿你研究的人提供关键信息。
1. 要证明你了解所选方法的利与弊。所有的方法都有它的优势和劣势——你应该显示出你充分了解这一点。
2. 有两类文献可供你参考——出版了的学术论文以及别人自传性的记录(autobiographical accounts)。这两类都很有用。方法一般会出现在书的附录中,在你看书时别忘了参考附录。
3. 在足够详细的记录和过分注重细节/详细/繁琐的记录之间保持平衡是十分困难的。在原始记录中,你可以把所有的细节都包括在内,然后让你的导师帮助你删改。如果研究过程进行得不像课本上写得那么顺利,不要掩盖这个事实,但同时也不要把自己写得过于无能。

(续表)

早动笔，勤记录

方法章节是你可以较早动笔的一部分。你每完成一步，就应该草拟关于这一步的描述。在印象深刻时把研究过程记录下来，并仔细地将记录分门别类地进行整理，这是非常谨慎与明智之举。

表 3.6　方法章节的作业

想象你是一组论文的一名校外评审人。你的一个任务就是要检查论文中的方法章节。就以下所给的例子，列出你认为每个方法章节应该包含的所有信息内容。
1. 针对两个地方教育局下属学校校长的邮寄问卷调查。调查内容为他们在种族和性别平等问题上的看法。
2. 通过几次访谈，了解一个妓院老板（女）的生平历史。
3. 对甜食店店主们日记的分析。
4. 对偏头痛患者进行一系列采访，采访形式不受限制。

起跑优势

如果一个学生在研究阶段的前三个月完成了所有本章提出的任务，那么他就占有了起跑优势。导师要牢记，应该明确地告诉学生他开了一个好头，因为学生自己往往认识不到这一点。正如我们在第 2 章中强调的那样，建立起有效的合作关系，培养师生彼此的信任以及确立有效率的日程安排都能为成功地指导学生奠定重要的基础。本章中我们强调了奠定这种基础的很多办法：帮助学生的研究步入轨道，并为开展研究铺设基石。高学历的研究者无需感到压力而过早地开始实地考察或进行其他形式的数据采集工作，然而需要强调的一点是，我们的很多访问调查以及同事提供的例子都显示，学生们往往会在研究中途失去方向，浪费时间。更为严重的后果是，看不到研究目标或者感到研究工作停滞不前会使学生的自信心受损。相反，如果学生们受到鼓励，感到自己的研究开了个好头，他们的自信心会提高，研究计划会得到切实的贯彻，而导师与学生则都会对研究项目抱乐观的态度。

4 如何撰写文献综述

> 翻箱倒柜仍毫无收获……她拖出一个老式的箱子,开了锁,掀开箱盖。一阵幽闭阴冷的气息。里面有书、丢弃的衣服、旧鞋子和旧手稿。
>
> (Sayers,1972:9)

引 言

无论是哪门学科,研究生都必须很好地熟悉文献资料,学会如何查找、阅读、吸收文献,并对文献进行评论。本章的目的就是帮助学生更好地查找文献,做好记录供自己将来参考,有效地阅读文献并对文献进行评论。本章还将涉及如何指导学生引用文献和写参考书目。

导师们很容易高估学生利用图书馆的技能。在我们已经做过的研究中,我们发现,经常有学生对一些最基本的图书馆功能不甚了解,比如他们不知道有馆际合作服务这回事,或者不知道过期期刊放在哪里。所有的系都应该组织图书馆专业工作人员向学生们讲授如何使用图书馆资源及信息:如果你所在的系没有组织这方面的课程,那你可以自己为学生们开设有关的培训。当然,如果是图书馆管理员授课,你作为导师也应该与管理员事先讨论课程的内容,因为再好的管理员也不可能知道你的学生有什么特殊需要,所以你有必要告诉管理员哪些信息是相关的,需要向学生们解释的。与专业图书馆管理员合作开设培训课程,对学生是很有帮助的,尤其是当图书馆与学校不在一个城市时。

帮助学生查找文献

鼓励学生与图书馆工作人员建立友好的关系。告诉他们必须要有礼貌和耐心,要感谢图书馆(或信息中心)工作人员的帮助,并在自己写的每篇论文里附上对他们的致谢词。和这些工作人员相处不好可能会导致许多机会的丧失,与他们建立友好关系则能带来长久的利益。萨拉在莱斯特(Leicester)大学的教育学院从事研究工作期间,一位专业的图书管理员罗伊·柯克(Roy Kirk)是当时教育学院图书管理员协会(LISE)的成员。罗伊、萨拉与另一名图书馆工作人员巴巴拉·巴尔(Barbara Barr)共同发现,学术界尚未出版关于女校历史的联合图书目录。罗伊让 LISE 资助巴巴拉,制作并随后出版了缺失的图书目录(Barr, 1984)。这个目录至今仍是研究女性受教育史的重要资料。这个例子使我们看到,年轻学者与经验丰富的图书管理员之间的合作使得大家都能受益。

案例4.1 对文献综述不重视

乔安顿·马德(Jonathan Marder)博士曾经公开地大声宣称,阅读文献是浪费时间,有创造力的学者要做的是开拓新的领域,而非审视过去。熟悉他的同事们明白,这只是演讲的噱头而已。其实乔安顿早已阅读并研究过了他的领域(刑法学)中的大部分学说。他指导的犯罪学和刑法学的博士生们有的把他说的话当真了,过去三年里他的两个博士生的论文因为文献综述没写好而被退了回来。马德博士轻视了全面而细致的文献研究的重要性,所以对他的学生也从来没有这方面的要求。事实上,他似乎以为他的学生和他一样,已经对自己的领域了如指掌了。

案例4.2 图书馆管理员

贝利·弗拉那根(Belle Flanagan)是她所在学校的一项极宝贵的资产。她是一名富有激情的考古学家,同时又是考古学图书馆的资深管理员,她出版了不少关于当地考古学研究及图书馆管理方面的著作。她乐于帮助学生查找文献,以各种方式支持学生,学生们的一篇篇论文里都包含了写给她的衷心的致谢词。

许多本科生对自己学科领域内的各种期刊并不熟悉,但是,研究生在进行研究时需要弄清楚,哪些是与他们的论文有关的重要刊物。这方面的问题学生不仅可以咨询导师和图书馆的专业工作人员,还可以向博士后及导师的同事讨教经验。作为导师,可以与学生共同讨论哪些是最新的期刊,哪些是最有权威的,哪些期刊的受众较小,哪些期刊的读者群较广,这类讨论对引导学生熟悉文献起到非常重要的作用。导师也可以谈谈自己的经历,比如你的论文是在哪里出版的,你订阅什么期刊,哪些期刊只能在线阅读,又有哪些是你通过馆际合作服务得到的。这往往是你在指导学生的过程中第一次谈及学术界和学术出版社的机会。

其他人的论文

本科生或许从未接触过论文,但论文作为文献的一类也需要学生的关注。有三类论文值得学生参考:导师自己的研究生论文对学生往往有很大的吸引力。学生可以从中看出学术领域发生的变化,领悟到导师也曾经历过一个起步阶段,导师也曾经年轻过。如果你上研究生的学校就是你目前执教的学校,那么学生很容易就可以看到你当年写的论文。否则,你就需要把你论文的拷贝留在研究生教室,或把它借给你的学生阅览。如果你在攻读博士学位期间还在学术期刊上发表过文章或发表过专著,你也可以建议学生比较这些文章与论文的不同,分析不同的学术写作样式和怎样运用相同的数据(Richardson,1990)。

学生们需要阅读的第二类论文是本校学生就相同领域写过的优秀论文。学生们需要对这些论文的长度、样式、风格和规模有大概的了解。导师应该鼓励他们阅读和讨论优秀论文。同样的,如果有本系毕业生在研究生期间发表了学术性文章,导师也可指导学生比较发表的文章与论文的差别。如果你所在的系或研究小组已经培养了几代研究生,并形成了一定的研究传统,那么校外评审人在审阅学生论文时会要求文献综述这部分涉及本校的研究思路,导师应该将这点向学生解释清楚。第三类值得学生参考的论文是其他英国(或美国)大学的论文。查找英国大学的论文可以参考《论文索引》(*Index of Theses*)中的目录,美国大学的论文可以参考《国际论文摘要》(*Dissertation Abstracts International*)。图书馆的工作人员会很乐意指导博士生使用这些索引。

摘要

本科生一般不会有阅览在线或者公开发表的文章摘要的经验。大多数图书馆都会拥有若干种汇集文献摘要的资料,研究生们应该学会使用它们。但另一方面,学术文献的数量之多也可能会对学生造成负担。在德拉蒙特与埃格雷斯顿 1981 年的调查中,一位受访者——罗尼·戴夫瑞斯(Ronny Devereux)如是说:

> "查找文献永远是一件令人头痛的事情。学术领域信息的无穷无尽意味着学生很难掌握何时可以停止查找文献。查阅多少文献合适取决于研究的课题和问题的性质。我本人对专门的索引持保守态度,这类索引既是学生的助手,又给他们带来了很多的困扰……这里的图书馆非常简陋……获取文献的途径也比较直接。然而我还是要愧疚地承认一点,我一直没法喜欢《国际论文摘要》。"

在线和计算机搜索

你的学生有必要了解怎样用计算机搜索信息,使用计算机的费用情况,以及在系里付费的情况下,学生使用计算机的相关规定。计算机的技术发展和设备进步的速度非常快,你的学生在这方面可能已经赶在了你前面。如果你有充分的自信,可以亲自示范,教学生该怎么做。但如果你没有十足的把握,专业的图书管理员是帮助学生的最合适人选,你的职责只是告诉学生在向管理员请求帮助的时候要非常有礼貌!

查找文献的战略是学生研讨会的极好话题。如果有这方面的课程,可以先让图书馆工作人员讲授,再由教授授课。如果没有开设这方面的课程,导师可以让大家各自出点子,把好主意汇集起来。随着技术的发展,导师不一定能跟得上最新的技术创新,有可能要向学生们请教,这同时又可以促进学生对新技术的学习。当你的学生为你指出你所疏忽的引文出处时,你就可以确定,你作为导师的工作是成功的。

查找文献为学生们提供了一个很好的机会,可以借此熟悉自己研领域的学术出版有哪些规定和惯例。学生们应该利用这个机会,独立地去探索这方面的问题,比如:电子邮件与电子出版在你的领域是否常见?会议论文起的作用有多大?哪些期刊享有较高的权威?学生们迟早都需要找到新想法的来源,研究文献是途径之一。

帮助学生学会记笔记

学生们可能会缺乏阅读时记笔记的技能,他们也可能不知道怎样去归纳整理记下的笔记。导师应该帮助学生了解到,他的论文质量取决于他是否对相关领域作了充分的研究,而他们在阅读时记下的笔记的质量则是衡量他们是否很好掌握了相关领域的一项重要标准。表4.1提供了社会科学学生的笔记应该包含的各项内容。导师根据表4.1应该很容易为自己专业的学生制作类似的表格。

表4.1 笔记注意事项一览表

你的笔记总是应该包括:
1. 详细的书目资料:
a. 作者的全名;
b. 书或文章的名称;
c. 最初发表的日期(你可以据此判断这是过去的研究成果还是最近的研究成果)以及你所使用的版本;
d. 出版者、出版地(对书而言);
e. 期刊/书的名称以及页码(对文章而言)。
2. 记录图书馆索书号(比如 LC5146.H27)以方便你再次找到它!(ISSN 及 ISBN 序号也应该记录)
另外,你还应该查清楚以下问题并记录:
3. 它是原创性的研究还是对别人研究的评论?(使用的是一手还是二手资料)
4. 它是以经验观察为依据的(包含数据),还是理论性的或者是辩论性的?
5. 其中使用了哪些研究方法?(比如计算机建模、试验等)
6. 其中引用了哪些理论?
7. 作者的结论是什么?(发现了或证明了什么)
8. 研究完成的日期是哪天?(可能比出版日期早好几年)
9. 作为样本的调查对象的数目,对象应答率以及样本的年龄、种族和性别。

表4.1中的某几项可能会显得非常显而易见,然而所有这些信息在引用书目时都应该注明,学生往往不了解这一点。大多数本科生未曾接触过书和期刊的技术性层面,比如国际标准图书编号(ISBN)以及国际

标准连续出版物号（ISSN）。鼓励刚入学的研究生关注这些方面会对他们将来的研究很有帮助。我们的经验是，很少有学生会留意到 ISBN 号，也很少有学生会养成习惯，记录下参考书目的所有细节性信息。关于怎样记笔记的座谈会也为导师提供了一个很好的机会，可以借此为学生讲解英国大学副校长委员会（CVCP）在向大学收集出版物信息时采用的分类系统（表 4.2）。

表 4.2　CVCP 出版物类别

1. 单人或多人合写的著作
2. 编写的书
3. 篇幅较短的作品
4. 会议发言稿（经审议鉴定的）
5. 会议发言稿（未经审议鉴定的）
6. 系内工作论文
7. 编写的文章和讲稿
8. 编辑的期刊
9. 编辑的业务通讯
10. 登在期刊上的信件、注解、短论文或摘要
11. 学术期刊论文
12. 专业期刊论文
13. 大众期刊论文
14. 官方报告
15. 评论性文章
16. 对单本学术著作的评论
17. 研究性质的其他出版物
18. 等同于研究性质的其他出版物
19. 研究性质的其他媒体
20. 等同于研究性质的其他媒体

　　CVCP 的这种归类法自 20 世纪 80 年代中期就开始采用，对出版物和其他作品进行了较为明确的划分。英国的所有学校都会用这种方法把每年学校老师的著作信息列成清单，英国政府也会定期用这种方法进行院校研究水平评估。大多数分类项是很容易理解的，我们在这里要解释的是上面列出的三类期刊文章如何区别。

　　　　期刊论文（11—13 项）

　　　　这三类分别是学术期刊论文（第 11 项）、大众期刊论文（第 13 项）和专业期刊论文（第 12 项）。学术期刊刊登的研究论文通常是针对学术研究领域的工作者，其中的论文往往经过了审查鉴定，但

也并不全是如此。专业期刊通常是针对从事某个行业的工作人员，其中的论文主要是介绍行业的最新发展，而非交流研究成果。它们基本上不经过学术研究的专家鉴定，但也并不全是如此。

我们可以看出，第11项在学术圈享有最高的地位，而第12项因为能为操作人员带去有用的信息，所以也很重要。由于大众期刊是支付稿费的，第13项当然也很有用。第17和18项指的是乐曲创作和剧本创作。第19项和第20项包括音乐、戏剧、雕塑和油画之类的艺术品创作，也可以包括建筑和工程设计，地图绘制或软件开发。每年，高校都会根据院校研究水平评估的结果，CVCP分类法和作品来源是否与本校有关来采集关于出版物及其他新作品的数据。

指导学生记录文献信息的同时，导师还应该与学生讨论计算机软件、备份系统和防止信息丢失方面的问题。目前市面上有不少很好的软件可以用于参考书目信息和文献索引信息的储存。导师可以向学生介绍其中的几种，看看他们是否对此感兴趣。如果学生偏好使用卡片、纸张或笔记本，导师应该弄清楚这种偏好是否来源于对计算机技术的恐惧。导师还有必要强调备份的重要性，告诉学生应该备份电脑记录或复印手写记录，并将备份或复印件与原记录分开存放。这点要经常性地提醒学生。我们系里配有保险箱，我们曾多次鼓励学生将备份盘存放到保险箱里，但很少有学生这么做。我们应该从别人的教训中吸取经验，那些因为没有妥善保存资料而不得不在事后花大量时间查找引文来源的教训给了我们警告。

案例4.3 参考书目的问题

卡诺·本提(Connor Bantry)的教育博士学位很长时间都没有拿下来。卡诺是一名校长，学校事务繁杂，他最信任的副校长又因病离职，这一切使得卡诺无法集中精力写论文。论文的准备过程非常匆忙：出现了27处错误的引文，38处引文不全，还有4种不同的参考文献格式混杂在一起。论文被退了回来，需要重新做参考书目。由于参考书目对论文非常关键，校外评审人还要求其进行很多其他修改和补充。

我们在给学生讲这个故事的时候，他们往往对故事的可信性抱怀疑态度，所以导师应该留意周围的具体例子，使学生能真正地从中吸取教训。如果你或你的同事将有新的论文要发表，可以在经济允许的情况下聘用新来的研究生检查论文的书目，这可以使学生在不知不觉中培养起细致的研究习惯。

找到和记录文献并不意味着任务已经完成。

帮助学生阅读文献

专业的图书管理员可以帮助学生找到相关文献，他们和专业的电脑技术专家还可以帮助学生解决文献记录方面的问题。而只有导师才能够训练学生如何去专业性地阅读。研究生阶段的阅读策略与本科阶段的阅读策略完全不同。研究工作者首先是名读者。科学学科中的研究课题组这一形式可以为新学生提供恰当的阅读技巧的指导。学生们可以听高年级的博士生或博士后讲解阅读期刊要注意的关键问题。在吉尔伯特和马尔凯(Gilbert and Mulkay, 1984)的调查中谈到了一个例子，就是关于一些年轻的前沿生物学家怎样解读一篇论述氧化磷酸化作用的期刊论文。研究生需要了解如何阅读有关文献以及如何对其进行连贯合理的描述。对于人文学科和社会科学的学生来说，诸如阅读文献、评估重要性及写作评论性文章这样的任务留给了他们较多发挥个人创造性的空间。文献综述在论文中起的作用绝不仅仅是形式上的支撑，它同时也提供了很多假设，开启了进入其他世界的门户。德拉蒙特在2002年写的著作里有一章是关于阅读文献的，可以推荐给人文、社会科学的学生参考，但还没有针对自然科学专业学生的指导资料。人文、社会科学的学生应该进行三种阅读：针对论题的阅读、对比阅读和分析性阅读。学生们应该了解这三类阅读，并在读书过程中做到对这三类都有所涉及。大多数人以为只有针对论题的阅读才是有必要的，其实这类阅读是最没意思的。导师应该鼓励学生做全面的阅读。德拉蒙特的著作(Delamont, 2002:10—30)中给出了已被应用过的针对五种教育学研究项目的三类阅读方案。这里我们会以社会学研究、历史学研究和文学研究这三者为例讨论如何阅读的问题。

一个社会学研究项目

艾琳·布伦特(Eileen Brent)的研究项目的主题是卡迪夫的科孚岛社区(Corfiot community)。科孚岛大约有 25 000 个希腊人和希腊塞浦路斯人,科孚岛人相对而言是少数族裔,他们不信仰希腊正教,而信罗马天主教。很明显,艾琳要读的关于这个论题的资料主要应该包括:

1. 科孚岛、爱奥尼亚群岛、希腊和塞浦路斯;
2. 在英国、澳大利亚、美国和加拿大的希腊移民;
3. 在英国的其他地中海国家的移民,如塞浦路斯人、马耳他人、意大利人和土耳其人。

她的导师应该能够毫无困难地指导她阅读这些文献。艾琳在对比阅读方面可能需要以下资料:

1. 其他信仰和种族的移民;
2. 罗马天主教和希腊正教的文献;
3. 研究其他多种族的港口城市,如圣地亚哥;
4. 描写流放者和少数民族的小说。

她需要进行的分析性阅读资料可以包括她和导师都认可的一些人类学和社会学的理论著作,以及英国尤其是威尔士著名种族学者认可的理论著作。

一个历史学研究项目

格里塔·欧尔森(Greta Onlsson)计划在博士论文中研究教育与生物学开拓者伊丽莎白·维宁的生平。针对这个论题的阅读资料当然应该包括伊丽莎白本人,她的姐姐路易莎(Louisa)(社会工作者的先驱)和她的家庭;伊丽莎白的朋友、同事,她的竞争对手和敌人,以及她开办的学校的学生。对比阅读资料可以包括男性教育与生物学开拓者的生平传记;在美国或澳大利亚出现的像伊丽莎白一样的女性;其他商业"帝国"的情况,如布尔默斯(Bulmers)、凯德伯莱斯(Cadburys)和罗斯恰尔兹(Rothschilds)。分析阅读可以选择女性主义史和自觉反女性主义史。

一个文学研究项目

唐纳德·罗斯(Donald Ross)的研究将集中在特罗洛普(Trollope)、加斯科尔(Gaskell)夫人和乔治·艾略特(George Eliot)的小说中对科学、科学家和工程师的描写。他的论题阅读应该包括相关的小说、核心的文学批评以及19世纪的科学普及历史。对比阅读可以选择其他时期(如古希腊)或其他文化(如中国)中的科学与工程学发展史;涉及科学与工程学主题的当代文学;19世纪小说涉及的其他主题(如奴隶制、疾病和宗教)。文学理论可以用来作为分析阅读的资料。

这一部分所传达的中心意思是,导师应该指点学生科学地阅读本专业的文献资料。学生必须了解自己研究领域的学者们是怎样解读和吸收相关文献的。有些学生的阅读面太宽泛,有必要更集中一些。其他学生则非常不情愿阅读任何与专业无直接联系的资料。拉德(Rudd,1985:93)的一名采访对象这样说道:

> "老师当时要求我们阅读垮掉一代的诗人艾伦·金斯堡(Alan Ginsberg)和小说家诺曼·梅勒(Norman Mailer)的作品。这些作家的确非常有意思,但是对我而言,我至今仍觉得他们没有赫尔曼·梅尔维尔(Herman Melville)、纳撒尼尔·霍桑(Nathaniel Hawthorne)和马克·吐温(Mark Twain)严肃。"

可见,这位受采访者的导师还没有将为什么要阅读艾伦·金斯堡和诺曼·梅勒的原因解释清楚。当然了,培养学生进行创造性的专业阅读离写出好的文献综述还差得很远。

指导学生写作文献综述

通过对自己领域内的相关论文的研究,学生可以了解到一篇成功的论文需要多少字的文献综述。一篇20 000字的科学硕士生论文大概需要2 000到3 000字的文献综述。40 000字左右的研究型硕士论文中,5 000字的文献综述就足够了。80 000字左右的博士论文大概需要包括7 000字的文献综述。很多论文的文献综述过长且缺乏重点。当然,如果学生的论文本身是对相关文献的一个阐述和解读,那么以上的标准就不适用了。文献综述的初稿在长度上一般是终稿的两到三倍。

案例 4.4 糟糕的文献综述

萨拉负责评审喀斯特墩大学科兹拉·丹恩(Keziah Dane)的博士论文。由于字数不限,科兹拉的论文达到了 120 000 字。其中长达 190 页的文献综述给评审人留下了非常不好的印象。博士需要进行原创性研究,然而文献综述却只是对前人研究的无聊且没有要点的概括。文献综述按时间顺序展开,从 1918 年说到了 2000 年,读者看不到批评的观点,也看不出这些资料与要论述的实践工作的联系。整个文献综述既无实用性又无装饰性。

帮助年轻的学者准备他们的文献综述的根本原因在于:他们还没有认识到文献综述的意义所在。导师应该向学生解释清楚文献综述的以下功用:(1) 让读者看到学生有能力查找、总结、整理有关资料并将其应用于自己的研究中;(2) 显示论文是原创性研究或者论文对前人研究进行了有意识的引用。

综合文献信息是考查学生的技能之一,然而很少有学生认识到这一点。证据显示,评审人总是把好的文献综述看作一篇好论文的必要条件之一(我们会在第 7 章中给出这方面的例子)。导师应该告诫学生写文献综述时要警惕的三类危险倾向——信息不全、信息过时和无聊。以下的方法可以用于避免这些危险倾向:

- 预防遗漏信息。你可以让图书馆工作人员、你指导的学生和其他人都注意留心一下有关你学生研究课题的资料。你也应该鼓励学生本人时时关注这方面的信息。你的同事可能会在一本期刊上发现有助于你学生研究的资料,但只有在你和他事先打过招呼的情况下他才会想到要把资料拿给你看。

- 预防信息过时。学生们必须在整个研究过程中都坚持阅读,而不是只在研究开始时进行阅读。这种阅读文献资料的习惯应该维持到论文完成、准备答辩的阶段。阅读学术期刊非常关键,所以应该鼓励学生留意期刊题录快讯数据库或其他类似的数据库信息。

- 预防文献综述写得无聊。写得无聊是最大的危险。帮助学生按照主题来安排综述,不要写流水账。要鼓励学生强调与他们本人的研究有关的那部分文献。最重要的是，导师应该训练学生批判性地阅读文献，而不是单一地重复内容。

这对在伊斯兰教或儒家文化下经受过教育的学生形成了很大的挑战。因为在这些古老的教育体系中，学生必须花上几年的时间来背诵先人的作品，绝不允许对其批判或攻击。埃克尔曼（Eickelman，1978，1985）曾详尽地描述过伊斯兰教的文化传统，维尔金森（Wilkinson，1964）和黑赫（Hayhoe，1984）则探讨过儒家文化传统。而在强大的美国文化传统中，要求年轻学者对最著名的出版物进行批评，这也可能引起误解。如果论文是对出版著作的认真总结而非猛烈批判，论文中过于谦恭的语气会让导师担心，怀疑学生的能力，甚至怀疑学生有抄袭之嫌。学生则会觉得自己的努力没有得到导师的肯定，对此困惑不解。师生双方都没有认识到这其实是文化差异造成的误解。导师一旦了解了学生来自怎样的学术传统，就能与学生就文化差异进行讨论，帮助学生写出符合英国学术传统的论文。如果你指导的学生来自伊斯兰教或儒家文化，那你可以读一些书来了解这些文化和其中的学术传统：对不同文化的了解有利于提高导师的指导技巧，导师可以细致地比较各种文化之间的差别。

当一个学生写了一篇好的文献综述时，最好的情况下，它能够正式出版。

案例4.5　好的文献综述

萨拉是巴塞洛缪·斯特兰奇（Bartholomew Strange）的博士论文的校外评审人。斯特兰奇博士的论文非常出色。论文中的实验材料可以写成一本理想的专业著作，他的导师可以帮忙联系出版商出版。同时，萨拉也注意到，论文中的文献综述和方法章节讨论了同一种数据采集和分析方式如何通过三种途径应用于相关学科，而这正是一位著名学者安东尼·凯德（Anthony Cade）所需要的出书素材，他正在计划出版关于研究方法的一系列书籍。在论文答辩结束后，萨拉写信给凯德教授，他随即委托巴塞洛缪写书。在出版了两本书之后，巴塞洛缪博士成了方法论方面的专家。

并不是所有的文献综述都可以写成书的，但有很多可以写成研究笔记或期刊文章。学生可以和导师一起完成。导师应该考虑与优秀的学生开展这样的合作,因为它能够真正地激励学生研究文献,即使投稿被拒,编辑的反馈也有利于对论文进行修改。

引用与编写参考文献

写作文献综述为导师提供了一个很好的机会向学生讲解如何引用和编写参考文献。这方面的技能是研究生必须掌握的。学习得越早、运用得越自如就越好。有三方面的问题需要学生了解:引文的技术性问题、引文规则以及怎样制作参考文献表或参考书目。导师应该向学生们解释这三方面的重要性,因为大多数学生在本科阶段并未受过这方面的培训,对如何引用、有什么规定可能一无所知。这一部分将先讨论引文的技术性问题,再讨论政策性问题。导师有必要警告甚至"威胁"学生,参考书目不全或不正确将有可能导致论文无法通过。导师也可以借此机会提出抄袭这个问题,应该让学生认识到,避免抄袭之嫌的最有效的方法就是一丝不苟地对待引文。另外,学生引文方面的问题还有可能透露其他方面的严重问题。艾丽斯·阿舍(Alice Ascher)的例子就证明了这一点。

案例4.6 是抄袭还是引文错误

艾丽丝·阿舍在硕士学位注册后期正在写一篇20 000字的硕士论文。她的文献综述中充满了引文错误,学术原著和二手资料混杂在一起,比如在一处她写道:"i.e. Smith,1926 cited in Jones,1989:32"。萨拉试着整理这些混乱的引文,这才发现艾丽丝的文献综述间接引用的很多资料其实可以轻易找到它们的原出处,艾丽丝对自己领域内重要的一手资料来源一无所知。发现了这个问题之后,萨拉要求艾丽丝回去读原著,这就花去了数个星期。之后艾丽丝的另一个问题又暴露出来,她无法区别一手资料、二手资料。在这种情况下,萨拉需要在各个方面下工夫才能让艾丽丝弄清楚抄袭问题的性质。这个例子里,引文的错误成了一个可能预示着其他学术问题的警示。

许多学生在引用文献时其实并不知道自己在做什么,导师应该使他们认识到,参考书目的作用是让 50 年后读那篇论文的人仍能够根据参考书目找到所有引文出处。强化学生这方面意识的手段是让学生根据一份漏洞百出的参考书目去查找引文的出处,学生会感受到这是一项多么令人绝望的工作。我们进行教学的过程中还遇到过这样一名硕士生,她将共同作者和共同编者的姓名出现在引文中的顺序重新按字母顺序排了一遍,比如她要引用费尔德和亚伯拉罕(Field and Abraham,1999),她就会在论文和参考书目中写上亚伯拉罕和费尔德(Abraham and Field,1999)。学生还需要导师向他们解释知识产权问题,他们不可能天生就能够区别论文作者、刊登这篇论文的期刊编辑、论文外语版翻译和引用该论文的参考书目作者之间的区别。所以导师应该明确地将不同的学术任务解释清楚。学生可以就知识产权以及违反知识产权的后果进行讨论,最好可以选择一个与学科相关的案例。学生们也可以用我们提供的彼得·布里切特(Peter Brichter)的例子(案例 4.7),但可能需要根据学科的不同进行适当的改写。

案例 4.7 知识产权

彼得·布里切特曾在因特网的聊天室里对充满激情的澳大利亚足球迷开展过调查研究。在论文的最后成形阶段,彼得的导师发现他没有细致区分两类不同的数据,即球迷们在聊天室里的对话和球迷们在接受采访时的谈话,另外,他在引文时还严重混淆了关于澳大利亚足联(AFL)的学术资料和大众期刊上的信息。

如果学生的母语是阿拉伯语或者是其他任何一种把姓放在名前面的语言,他们可能会觉得英语的习惯难以理解,导师应该向他们解释。对于一个从沙特阿拉伯来的学生,他可能意识不到"Bank, Olive"和"Olive Bank"是同一个人,并且出现在参考书目中姓名 B 开头的作者项下。从其他文化背景来的学生常常无法根据姓名来判断性别,所以他们使用的"他"和"她"也值得导师特别留意。英国的学生同样也不一定能根据美国人的姓名来判断性别,这方面导师也要注意。

我们建议在课堂上给学生布置作业来培养他们引用参考文献的技能。我们在表 4.3 中列出的作业是针对社会学和社会政策专业的学生的,他们的论文一般要求用哈佛格式来做参考书目。其他学科导师可以准备一份类似的作业,运用美国心理学协会(APA)使用的格式或者生物医学参考系统或者法律、人文学科和语言学规定的若干其他系统。

社会学家研究过自然科学领域的引文(如 Edge,1979),但其他学科这方面的研究就很少。研究者目前的发现是,引文存在性别歧视:女性发表的著作被引用的频率不及男性著作的被引用率(Cole,1979)。如果你发现你的学生中也存在着这种性别歧视的倾向,你可以组织他们讨论这个问题,最好能邀请一位学术圈外的人士为学生们演讲。许多导师或许从未思考过,他们自己引用参考文献的习惯或许也带有某种他们不愿意承认的倾向性。德拉蒙特(2003:25—27)在社会科学的两个领域对此作过研究。你和你的学生也可以对自己领域的引用情况做类似的分析,或许还可以将其发表。

表 4.3 参考书目和引用文献纠错

找出错误,在句子下改正或列出错误。

1. Jenni Williams (2001) *Spot Removal*. London: Hotline
2. Franklin, B. J.; Williams, P. Q.; and Marshall, Z( ) (2000) *Readings on Spot Removal*. Boston: Little, Brown & Co
3. Andrews, Z. (1996) Chaos in the Street, New Zealand Journal of Street Studies Vol 2 No 3 pp. 210—236.
4. Castenada, John Antigone's Struggles Los Angeles: Feminist Press Inc.
5. Pithouse, A. J. (1999) "Thoughts on Radical Social Work", *British Journal of Radical Thoughts* pp. 12—17.
6. Delamont, Sara (1976) "Beyond Flanders" Fields'. In Stubbs and Delamont Explorations in Classroom Observation Chichester Wiley pp
7. Zonabend, Michelle (1974) *The Enduring Memory*
8. Gage and Berliner (1984) Educational Psychology (Second Edition)
9. Berliner, D et al (1986) Teaching Teachers Thinking Journal of Education for Teaching Vol 19 No 4
10. Adamson, David (1992) "understanding machismo and caciquismo". *Iberian Studies* Vol 7 No 1 pp. 1—27.
11. Penny Jones and Mary Smith ( ) "Policewomen in Corsica". In M. Levi and A. Smith (eds) European Policing in the 1990s University of North Carolina Press.
12. (look at 13 as well)
Walton, R. (1985) Entry Requirements for the UCC course in social work" *Social Work Today* Vol 38 No 2 pp. 75—80
13. Walton, R. (1985) *Prison Reform in Ghana* Manchester
14. Paul Atkinson The Clinical Experience Unpublished PHD thesis Edinburgh
15. Beale, Dorothea (1892) My first thirty years at Cheltenham reprinted in D. Spender The Educational Pioneers (1987) London Virago

"没有任何文献"？

　　有时候学生会抱怨找不到任何与他们的主题相关的文献。这可能是因为他们的眼界不够开阔，把论题的范围定得过于狭窄，导师可以给学生演示怎样找文献以消除他们的疑虑。如果学生把文献的范围局限在与论题本身直接有关的资料，那样的文献当然会很难找。如果学生在如此狭隘的范围内就发现了数量丰富的学术文献，那么要写出有创意的论文就会很难，所以就有必要重新考虑论题的选择。更为普遍的情况是，学生的兴趣集中在一个非常特殊的点上，以至于在这方面很难找到前人做过的系统研究。这种情况下，导师的任务就是帮助学生扩展眼界，使学生能够更富于创造性地去搜集资料，把注意力更多地放在可供比较的平行性资料上。

　　如果你想尽办法还是找不到足够的文献资料，那么你应该指导学生去创造性地利用这种文献空白。如果在某个领域真的存在文献空白的情况，这对导师和学生都是一个可以发挥创造力的机会。它可以提供关于学术界研究侧重点、研究基础和盲点的极具说服力的信息。它可能反映了对某些重要问题和观察角度的忽视。有进取心和创造力的学生应该有能力将研究文献的负面结果转化为优势。如果空白很严重，学生可以考虑写一篇针对当前学术界状况的批判性论文，甚至有可能发表研究笔记。总之无论在什么情况下，对现存文献和文件缺失的创造性回应，对写出一篇代表学术界现状的文献综述非常关键。

　　这一章里我们指出了导师和学生在查阅文献和进行文献综述时可以采用的一些方法。我们要传达给学生的主要意思是，文献查阅并不一定是枯燥乏味的差事，我们可以既具专业性又富创造力地完成这项任务。如果学生们无法乐观积极地对待这项任务，那结果很可能是他们会写出非常乏味的文献综述，这也是目前学生中间存在的一个普遍问题。有经验的校外评审人对那种机械的形式主义的文献综述大概不会陌生。这样的综述虽然符合基本要求，却不令人兴奋，也无法使论文增色。我们认为更加合理的方法是将细致的研究态度与创新能力结合起来，这样不仅有利于写出好的文献综述，也可以提高整篇论文的水准。成功的文献综述不会让读者觉得厌烦,相反,它能够很有说服力地体现出当下学术界的状况,并为学生阐述自己的研究成果提供坚实的基础。导师的职责不仅在于指导学生如何查找、阅读文献和编写参考书目,还在于开阔学生的视野;让他们认识到运用文献是整个研究过程的重要部分;要将学生的研究与相关领域内的主要研究方向和思路联系起来;要使学生在阅读文献的同时能够发现和探索新想法,而不是被动地记录下自己读过的东西。

5 指导学生进行数据收集

> 做一个知心密友是一项极费力不讨好的工作。她疯了不足为奇,她清醒理智才令人惊讶。
>
> (Sayers, 1972:142)

指导数据收集显然是研究过程中的一个关键环节,也可能是其中问题最大的环节之一。当然,如果一切顺利,它也可能是最令人满意的部分之一。好的论据可以让原本只有骨架的研究设计丰满起来,对于导师来说,没有什么比这更令人兴奋的了。

也正是在项目的这一环节,前期的方法训练和学生对研究的精心准备格外有用。论据收集的过程可能并不顺利,对此老师和学生都应该做好思想准备。有些问题是普遍问题,大家都知道会碰到这些问题,但不知会在什么时候碰到。不应该因为这样的问题影响信心,或完全放弃研究。

甘姆波特(Gumport, 1993:265)对美国物理学博士生进行了研究。甘姆波特调查的学生中,有一位描述了为物理学博士论文收集资料时的心情起落:

> "有时你是个苦工,而有时你知道怎么做……那时你就是国王。"

本章就是要讲述在学生当"苦工"和当"国王"的日子里导师如何指导他们进行数据收集。

学生和导师在总体工作方法上应该灵活一些。不论什么学科,在数据收集时,很多问题都是难以预料的。自然科学在开展实验和获得有用数据方面的问题并不比社会科学少。因此,应该考虑到各种偶然性,遇到难以克服的困难时,要调整研究设计和论据收集方法。

下面这个例子中,来自伯特敏斯特大学的格兰·迈德森(Glan Madson),一名城市规划专业的学生,讲述了他如何缺乏经验,又是如何在碰壁之后才发现充分准备的重要性。

"第一年我犯了一个大错误,我和一家公司探讨该公司与其工会的关系。我要是受过任何一种训练的话就不会这样做。我犯这样的错是由于无知,但别人不这么看。我再想进这家公司就没门了。我非常想进那家公司,所以真是很难过。我花了6个月的时间才得到进这家公司的机会,结果被我自己毁掉了。我知道这是常识,但属于需要学的常识。在一个机构中做研究不容易,回想起来我的表现真不怎么样,但那是因为我没有接受过培训。"

格兰可能高估了预先培训在避免失败和意外方面的重要性。但这种懊恼的情绪也反映了研究生在收集论据过程中的感受和经历。

格兰的话还提醒我们,时间也是个问题。收集数据即使在最顺利的情况下也可能拖得很久,无论采取什么方法。这是个劳动密集型工作,而研究生们资源有限,除非他们是参加一个大型研究项目,有研究基金。通常他们只能依靠自己的劳动。对于兼职从事研究的学生来说,时间和资源方面的压力尤其大。比如对社会科学专业的学生,获得论据本身就是件耗时的工作(我们已经谈过这个问题,参见案例3.5)。获得数据对任何一个学科的学生来说都不是一件容易的事情。

案例5.1 可获得性(Access)

理查德·加德瓦(Richard Gatoire)在撰写关于地球科学的博士论文,计划在蒙特塞拉山收集论据。一切就绪,不料火山突然喷发,首都普利茅斯和岛上大部分地区都开始疏散人群。

根据我们的经验,社会科学专业的学生制定的收集数据的计划往往需要一个中等研究小组,还要有资金支持,有充足的时间,这样的计划是不切实际的。有目标是好事,但是对时间和能力的估计不能过于乐观。学生计划收集的数据通常比他们能够有效运用的要多。

应该帮助学生认识到论文并不是他们研究的终结,现在的研究将来对他们也有好处。不过多数导师还是认为学生收集的数据太多了。参加试验项目的学生,完成数据收集工作后,往往会发现数据太多而不知所措。本章后面还会谈到这一点。现在先要谈几个观点:对于学生和导师来说,数据收集的范围要切合实际。一个目标明确、设计合理的实验项目得出的数据应该是学生能够把握、能够进行有效分析,并且能够发展成一篇成功论文的。否则,想用大量数据来解决科研问题,最后头疼的大概只有学生自己。其实在很大程度上这是一个信心的问题。如果学生和导师缺乏信心,就可能会收集大量数据。导致信心不足的原因有很多,比如不确信实验设计的准确性、研究课题的重要性、学生的分析能力等。我们觉得导师最重要的作用之一,就是指导学生通过用适当的方法收集适用的数据,帮他们树立信心。

"在训练我们自己的研究生时,我们给他们如下忠告:首先拿出你的研究设计,然后估计你需要收集多少数据。把你设想收集的数据减少一半,把你安排的时间增加一倍。然后你可能才有一个合理可行的计划。"

应该收集多少数据呢?这是经常困扰学生的一个问题,尤其是社会科学专业的学生。对撰写篇幅较短的硕士论文和专业博士学位论文的学生来说,问题似乎格外紧迫。其实所有高级学位的学生都面临这个问题。当然,方法论学者会指出,这个问题无法凭空回答,得看具体研究项目设计。但有经验的导师也会指出:即使接受过方法训练的学生也不断地问这个问题。

在社会科学研究过程中,经常有学生紧张地问:"我应该调查多少个人?"我们的回答当然是:"那要看你想做什么了。"我们总在不断地向学生解释:"如果能对少量高质量的数据深入准确地分析,要远远胜过大量粗浅的分析数据。"我们告诉他们,要记住美国教育人类学家哈里·沃尔科特(Harry Wolcott)的话。沃尔科特说,他一次只研究一样东西:一个村子、一所学校、一位校长等。有人问他:"你从一个里面能看出什么呢?"他答道:"尽可能多的东西。"这个原则对学生和导师非常有用。无论哪个学科的研究,重要的是能够学到东西,不是收集大量资料。

着手去做并保持信念

　　导师的一个重要作用就是帮助学生保持信心和热情。这在学生整个研究生涯中都很重要（可能影响到毕业后，甚至整个学术生涯），尤其是在早期的经验工作时期特别重要。要是研究课题一着手就能解决，研究就太简单了，也就不需要研究培训了，奖学金、研究基金、指导和评审也就都不需要了。实际上，研究是困难和棘手的。

　　在社会学和社会人类学领域的新生会发现，他们观察到的社会世界不容易产生研究问题和分析概念，这令他们失望。尤其是那些从小就被灌输本科课程或课本中的思想的学生，他们很难适应社会问题的复杂性。他们徒劳地寻找那些课本中的理念（霸权、父权、动乱等），却发现现实社会远比这要繁杂得多。他们看到的都是普通人，做着平凡的事。他们收集资料，但往往变得焦躁不安，因为他们看不到问题，不了解过程。初学者在进入实验阶段不久后，很容易由于看到一些不确定因素或实验初步结果不明朗而失去信心。

　　这种现象绝不仅限于非实验类学科的学生。实验心理学和自然科学专业的学生在本科阶段所做的通常也是实验结果的"解谜"工作。学生进入实验室学习试验技巧时所做的其实更像中学的科学实验，和他们成为研究生后所做的实验是不一样的。研究生阶段的实验是学生以前从未接触过的。很多学者也已经论述过研究和准实验教学方法的区别。后者更像演示或简述。对于本科生，并不要求他们"发现"新现象，也不要求从一个新颖的角度探讨既定现象。大学阶段大部分实验的目的并不是求新。学生自己可能会有所发现，但通常都是遵循惯常的方法。实验结果也是人们习以为常的"常态科学"。通常学生和老师都知道只要遵循实验技巧，并且足够仔细，基本都会得出"正确的结果"。教学演示之所以可能也是因为"正确的结果"是可以预测的，至少对教师来说是这样。

　　相反，研究生着手进行研究时，就会发现面临很多新情况，发现实验（比如设备）不像本科阶段那样总能产生希望得到的结果。他们不能靠老师调控实验室环境来取得良好实验结果，也无法借助德拉蒙特和阿特金森（Delamont and Atkinson，1995）描述的教学方法来修正实验中的错误。也就是说，不能通过修正实验结果或考察实验"应该"产生什么结果和"实际"应该怎样来避免失败。

所有接受调查的生物化学专业的学生本科最后一年都完成了一个以实验为基础的实习项目。不过一位该专业的导师承认："本科阶段之所以选择这些实验让学生做，就是因为它们能产生预期结果。"许多研究生在写论文前准备不足，因为没想到研究生和本科的研究如此不同。

本科阶段的实验会得出预期结果，研究生阶段就不一定了。生物化学专业的导师发现学生很不适应这种不确定性。该专业学生承认，他们准备不足，当实验总是失败时会感到失望甚至害怕。下面是该专业一名博士生进入论文写作阶段的经历，颇具代表性：

> "首先我必须要做一段 RNA，但总是不成功。我用了 3 个月才做成功。生物化学的特点就是经常什么都做不成功，你唯一的办法就是咬紧牙关接着做下去。我刚发现做什么都不成功时真是很震惊。"

实验结果的不确定性让学生越来越担心，博士阶段的研究难以预料，无法保证达到博士论文要求。

> "突然间就动真格了，不再是玩了。结果完全是开放性的，谁也不能保证一定会成功。这可是你生命中三年的时间，很可能就白费了。"
>
> ——生物化学专业学生

在实验室做实验的博士生感到受挫，因为一开始"什么都不成功"，"要绞尽脑汁让实验成功"。学生们还说，即使一项实验成功了一次，也不能保证以后每次都成功。一名生化专业的学生说："一项实验，一次成功了，再做四五次又不成功了。"

一个原因可能是这里变量太多。"仅一项实验就可能有六七个变量，复杂的实验有上百个。"但这并不能解释为什么有些实验第一次成功，以后却不行。"有时一开始就做成了，没什么道理。有时应该成功的却做不成。"也有的实验一旦做成功以后每次都成功。"这很有意思，好比你总是没法让一个东西动起来，一旦费了好大劲让它运转起来，它就会照这样一直运转下去。"

学会应对科学工作中的不确定性也是研究生阶段学习的一个重要内容,对生化专业的学生尤其如此。有很多方法可以帮助学生理性面对失败。方法之一就是要让学生认识到这不是他一个人的问题,大家都会遇到这样的问题。

> "当实验达不到预期效果时,研究生往往很受打击。他们不知道哪个地方出错了,也得不出任何结果。要是他们知道事情有时就是这样,不光是发生在他们身上,一定会感觉好得多。"
>
> ——生化专业导师

另一种面对失败的方法是把它看作科学训练的一个基本组成部分,总会解决的。一开始发现什么都不成功,会有挫败感,后来就会变成觉得最终问题都能解决。最初的失败虽然让人意志消沉,但也是学习的过程,所以是"实验室经历"的一个关键部分。应对不确定性的能力也是衡量博士生的一个重要标准。"要学着接受实验室中的工作十有八九都不成功这个事实,能应付这一点就没问题了。"

一旦实验第一次有了结果,学生之前的担心、不确定感和失望情绪就会消失,取而代之的是一种越来越强的信念,相信实验一定能成功:

> "第一次出了结果时真的很激动,以后再出结果大概都不会像第一次这么激动。真的很高兴。慢慢就习惯实验不成功的状况了。"
>
> ——生化专业学生

一旦学生接受了科研的不可预料性,他们在工作中就可以应付这一点了:

> "制订计划时总是假设一切顺利,实际上不可能是这样。第一次做有50%的成功机会,这还是乐观的估计。"
>
> ——生化专业博士生

接受调查的生化专业学生都抱有这种"什么都不对,不过不会一直这样"的态度。他们还确信,"一旦对了,工作就会纳入正轨"。

一直以来,学术界有个特点,就是实验学科(laboratory sciences)研究中的问题都较为明确,学生不用在茫茫大海中漫无目的地漂浮。科研问题都有一定之规,并且代代相传。拿自然科学来说,这一代学者设计了一套实验,解决了一类问题,下一代学者会改进实验技术,解决另一类问题。有些实验学科领域,上一代研究人员成了博士后,由他们来指导下面的研究生。

尽管有充分准备,还有代代传下来的问题和技术,初始阶段的学生还是经常碰到问题。有些问题不仅很难应付,而且稀奇古怪,难以预料。自然科学的问题并不比社会科学的问题好解决。

大多数学科的学生都很容易产生挫败感,他们很可能因此过早放弃整个研究。但我们也都知道,坚持总会有回报。对于大多数社会科学和人文学科的学生来说,研究中确实能看出一些眉目,他们会逐渐发现主要理论和概念与研究课题的相关性。同样,实验学科中,实验会逐步走上正轨。据说一旦实验走上正轨,就会开始出结果,并且很少再出现重大错误。很难说什么时候问题就解决了。有时是一个关键因素带来突破,有时是读到一篇文章,或是有意无意地调整了一下设备。很难说化解问题的会是什么东西。不过也要承认有时问题怎么也解决不了,学生总是不能让实验顺利进行,或者就是看不到出路。

所以,导师要在乐观主义和现实主义之间寻求平衡,在学生信心动摇时给予支持,这点很重要。一味鼓励显然是危险的,导师不应鼓励学生不撞南墙不回头。如果事情有些不对头,一定要考虑是不是真的出错了,能不能好转。如果学生研究的是一个无法解决的问题,比如研究一个无法获得相关资料的组织,或跟踪一项还不能运用的技术,导师就要帮助学生,让学生对情况有一个现实的评估,总结一下项目进行到现阶段能从中学到什么,并将经验用于重新设计问题和研究。总之要帮学生挽救他们的研究项目。另一方面,导师还需要警惕各种各样的"数据收集忧郁症"。如果每次研究进入不同阶段都会出现数据收集的问题,导师的角色也应该转变。这种情况下最重要的是保持动力,帮助学生克服各种失望情绪和挫败感。许多导师都会一些增强信心的"小花招",比如不断告诉学生设备会好用的,很快有一天就会出结果,会在数据中发现线索的,他们的辛苦努力会产生重要结果的等。

学生的研究项目是需要信念的。我们做学生的时候都有一种信念,相信我们的老师,相信挡住我们去路的问题是在我们的能力和现有知识范围内的,总会解决。当我们成为研究生时,这种信念已经不够了。学生和导师都要树立新的信念,相信研究是可以完成的,会得出新结果,会对知识的发展作出重大贡献。尤其(但不只是)在研究初期,学生非常需要导师的帮助,帮他们保持信念。当然这也要靠双方相互信任。学生必须信任导师才会因为导师的话而受到鼓舞。对研究进行彻底评估时也需要学生信任导师。

我们讨论的基本都是实验,听上去好像研究就是传统意义上的实验。需要强调的是,纯理论研究也一样。实验室中的研究员、实地考察的社会科学家和档案馆里的社会历史学家可能会羡慕研究纯理论的人。一般意义上的数据收集对理论研究者来说确实不是一个大问题,但这并不说明这一领域的学生和导师不用面对这样的问题。学生同样要面对本科和研究生阶段的巨大差异。本科学生学的是相对标准的阅读和写作方法,还掌握了评论技巧,不断地评论该领域内的领军人物。文化研究、哲学、批评理论和社会学都是这样。这些技巧主要是通过教师提问的教学方法掌握的,而不是通过回答研究式的问题。从模仿评论界到理论原创或从原创的角度探讨理论,是一个巨大的转变,这第一步的困难程度绝不亚于其他学科。同样,导师也需要帮助学生保持对自己的信念,一定要让他们相信,他们将提出原创的观点,会为理论文献添上原创的一笔。

淹没在论据中

除了前面已经提到的起步困难外,学生中还存在一个问题,即淹没在大量数据和信息中。这两个问题是由同一个原因引起的。信息过量的问题在社会科学专业的学生中尤其普遍。他们最后往往陷入大量数据中。无论研究是要考察量还是质都会出现这种情况,只不过表现形式有所不同。从某种程度上讲,对于某些学科,大量数据是不可避免的。探索性研究的设计在一定程度上是开放性的,无法做到收集的论据数量正好。一个年轻的人类学家花一年或18个月来潜心研究一个特定的社会情景,一开始很难判断多少论据就"够了"。而且,论文只是研究的结果之一,这次收集的论据在完成博士论文之后还可以用,可以以此为基础发表很多东西。这样的问题绝不仅限于社会科学。历史学家常发现自己淹没在档案和各种资料中,物理学家开始进行实验后也会收集大量的数据。

另一方面,大量论据也有好处。它可以提醒研究人员研究的进展,说明研究"成功"。对于缺乏经验的研究人员来说,大量积累论据也是一种"安全毛毯",防范研究中未知的不确定性。研究得到的结果本身就令人兴奋欣喜,学生和导师都可能全神贯注于结果。毕竟,有新发现、演示新技术、证明一个定理,没有什么比这些更令人欣喜激动的了。

然而,大量论据的积累很容易让学生(也让导师)行动不便。最开始的实验设计可能挺简单的,初步阅读文献或进一步发展研究设计,就会发现很多明确的问题。大量论据可能会使问题更繁杂。即使在那些很"精确"的学科中,测量结果也不总是完全一致的。相关性在统计中并不总是重要的,不是所有实验结果都满足曲线,分布上会有非正常值。学生陷入论据和结果的小细节中,就会只见树木不见森林。此外,让他们放弃好不容易收集的论据,从感情上来说也很难。学生如果紧紧抓住这些论据不放,可能会失去辨别能力。

这时导师的工作主要就是帮助学生培养辨别能力。学生要会辨别哪些论据有用,哪些可以丢掉;哪些结果重要,哪些可以丢掉,哪些是反常的,可以用于下一个令人激动的研究项目。如果学生过分关注论据及结果,一个好的导师就会想办法帮他丢掉一些,或者至少是把它们放在不那么重要的位置。

各学科都在说应该对目标过于宏大的学生稍加限制。大卫·皮尔森(David Pearson,2002)调查的人中,有一位奥康纳(O'Connor)博士,他的例子最能说明大卫·皮尔森的观点:

"我要说'重点明确'非常重要,根据我的经验,有些学生为博士论文定的目标过于宏大。要是在十年、十五年前这大概没什么问题,因为当时有的博士论文是要花上十年……我们有一些人……用7年写出200 000字,再花两年将论文删减至100 000字。不能再做这个了……爱发问的头脑总是希望向外扩展——'这个有意思,那个值得研究,这个想法不错,谁谁谁对那个问题怎么看'。事物总有一种向外扩展的倾向,越扩展就越难把握,越不可能在4年之内完成。所以要有限制,有明确重点。"

研究中常常有一些关键时刻,导师要帮学生从日常的论据收集分析中抽出身来。可以开一个讨论会,或者安排写一次简短的工作报告。这样可以让学生知道什么才是真正重要的,论文应关注什么,学术界最关心哪些问题,哪些东西特别容易出版等等。无论是否采取这些正式步骤(有些项目本身就包含定期评议和陈述),一定要让学生对从事的工作有充分的认识,让他们看到全局,关注最重要的部分。结构不合理的论文常常就是包含过多不必要的细节。自信也很重要。如果学生不能确定论文真正在讲什么,或不确信其重要性,可能就会采取极端现实主义策略,把所有工作都体现在论文中,而不是有选择、有目的地进行分析。

这时导师的作用就至关重要。导师比学生更有经验,更了解不同体系间可比的标准,他们的意见很有价值。当在这个关键阶段导师保持学生信心的同时,也应该处在关键的、给予全面指导的位置。

指导应该到什么程度?

指导应该到什么程度?这是个没有什么标准答案的问题。对于认真的导师来说,在收集数据过程中的参与程度有时也是个两难的问题。通常,多数情况下,导师不可能亲自参与大量日常的论据收集工作。论据收集是一个艰苦耗时的工作,无论研究的基础是实验、实地考察,还是查看档案和图书馆中的资料。全日制学生的时间和精力只够完成自己的工作。繁忙的导师也少有机会监督参与细节层面的工作,即使他们想这样做。皮尔森采访的导师中至少有一名密切监督论据收集工作:

> "学生得知道什么时候可以不征求导师意见自主行动,什么时候要问问导师。指导对每个学生来说都不一样。有些人能力强,直觉地知道该做什么该怎么做,有些人就不行。博士阶段的有机化学与其他学科的最大差别之一就在于,导师去看学生,甚至是第二年的学生,一天去三四次,都是很正常的。他们关心学生在做什么,想要确保实验有效,学生不是在浪费时间。这也取决于导师,不过认真的导师都会这样做。"
>
> ——菲利普斯博士(化学专业)

在许多实验学科中，日常监督论据收集的工作都是由同学、同事还有技术员来做的。这样研究过程就可以围绕相互支持、材料、技术和设备共享进行。这种模式的一个重要特点就是操作的连续性，技巧、设备和课题都可以由博士后和研究生一代代往下传。

一个导师带着几个博士后和研究生，他们的研究领域又有些关联，往往采取团队合作的模式。与这种模式相反的是"传统"的社会科学博士论文指导模式。"我们和社会科学之间的差别在于我们的博士论文是通过团队的方式来做（一名地理专业导师）。"一名导师可能会同时指导几名研究生，所以在日常监督上他还是做幕后指导工作比较好。

"我觉得我的影响和贡献不是坐在那里自己搞研究，而是创造条件让别人这样做，并且尽量为他们指明方向。"

——一名人工智能专业导师

导师的主要作用是指导研究，也就是说日常工作中的问题要想其他办法解决：

"我不会跟导师讨论出现了或解决了哪些问题，我跟其他人讨论这些，要运用系里其他人的智慧。"

——生物化学专业博士后

研究生认为研究小组有一个互助的环境：

"大家研究的课题不同，但有相似之处，比如都涉及数学、研究方法和计算。各课题之间没有明显联系，但大家全靠相互支持。这是一种大家都遵循的互利的模式，并不是某个人承担什么角色。"

——地理专业学生

小组成员研究领域不同，但材料和技术上仍有重合的地方：

"我们研究的领域差不多，用的材料很多都一样。很多我做出来的东西别人也能用。我发现一种简单的方法，别人也可以用。"

——生化专业学生

经验不那么丰富的组员也依靠经验丰富的组员：

"要是实验总不成功，做成功的组员就会来帮你。"

——生化专业学生

这样，导师提供研究框架和方向，而日常工作中，由有经验的组员，如博士后或研究进展较快的研究生帮助经验不足的研究生。

"当我还是博士后的时候，我喜欢独自工作，因为这适合我。所以我也鼓励学生这样做，我给他们自己思考的空间。由于带的学生多，我不可能时刻监督他们。如果他们在日常工作中需要帮助，实验室里其他人可以帮他们，比如那些博士后。我不会在那里告诉他们怎样用某个仪器，有其他人做这样的工作。"

——生化专业导师

由于每个导师带的学生多(有时同时带 10 个)，导师不可能全权负责培训研究生。

"大多数培训都是由博士后来做。没别的办法。"

——生化专业导师

我们采访到的研究生谈到研究小组里各成员的期望大不相同。

"我问导师的都是论文结构方面的问题，只有当我认为应该问，或从其他人那里得不到答案时我才会问。"

——生化专业博士生

导师是不负责组员日常工作的。

"我觉得我们有一个良好的研究环境。我们不经常把问题拿到导师那里去，我们小组合作很默契。"

——地理专业博士生

因此，指导论文成了一项集体工作：

"我和组员一起工作……整组人，有副研究员、博士生、技术人员还有咨询人员。大概有 10 个人。所以实际操作中的问题不用去问导师。有好多人可以问，他们做过类似的博士论文，也是这么一路走过来的。这就像一个大的指导团队。"

——地理专业博士生

与导师关系破裂时，集体的力量也可以救博士生一命：

"我们必须从一个极冒险的情况中脱身，所以我们齐心协力，互相帮助,就好像是在没有指导的危险状况下集体幸存。"

——生化专业博士生

对于研究生来说,研究小组的集体支持也起到了失败缓冲器的作用:

"是这个研究团队救了我。我感觉有了问题可以去找小组中的任何人。要是孤立无援的话,我可能会非常消沉,早就放弃了。"

——生化专业博士后

博士后研究员承担起了指导的重任:

"我觉得日常指导是由博士后来做的,我作为实验室的领导更像一个心理学家。实验并不总能成功,我需要鼓励学生,尤其是博士生,有的阶段他们会觉得做什么都不成。"

——生化专业导师

博士后研究员通常认为他们这种角色很自然。毕竟他们读博士时接受的就是这种培训。

"博士后的工作之一就是帮别人解决问题,你也会逐渐感觉到哪些因素会带来成功,哪些会导致失败。"

——生化专业博士后

博士后研究员们自己也认识到了这种角色转变以及他们的责任。

"最近我的角色发生了转变。我现在是研究助理(research associate),也就是说处于研究生和他们的导师之间。"

——地理专业博士后

这种博士后指导研究生日常工作的做法虽然可以接受,但毕竟不是一种正式的责任关系。

"我现在有两名研究生。这里大家都默认我是直接负责的人。这不是我分内的事,我也不觉得这是我的责任,但我会帮助他们解决问题。"

——地理专业博士后

以上这种研究的组织方式也需要一定条件,其中两个关键因素就是团队的规模和研究的持续性。只有当小组内有足够多的处于不同阶段的博士后和博士后研究员时,才能采取这种指导模式。同时这种团队模式也需要持续的资金支持,这样才能一直保持几个研究生和博士后研究员同时研究同一领域的状态。这样一来研究课题就可以传下去,新来的学生可以继续前面学生的工作。这样就形成了一个教学连续体,技术和设备通过研究小组一直传下去。按照哈金(Hacking,1992)对这种模式的分析,组员们的兴趣通常相互交叉,并成线性发展,在这个过程中每个成员的兴趣都会发展成型。但是,最终还是导师对研究生研究的质量负责。

有些必要的研究并不是在导师的近距离监督下进行的。社会人类学领域中这种例子最多,因为经常要到远处进行实地考察。其他需要进行考察的学科,如地理和地球科学,也依靠远距离论据收集。不过人类学可能是最特殊的一个学科,非常强调实地考察,并且是独自考察。集体"远征"或研究小组并不常见。这种情况下,导师和学生之间需要充分的信任,并且无论碰到什么变化和学术上的问题都要相信考察一定能成功。人类学专业的导师要确保与进行实地考察的学生保持联络。但是不是总能保持联络,而且联系时可能信号很弱,第6章开头要讲到的尼娜·伊格(Nina Yeager)就碰到了这种情况。

6
激发学生的积极性

> 如果你已经在着手做某项工作,争议和危险不应该把你吓倒,上帝也不允许它们这么做。
>
> (Sayers, 1972:209)

引 言

这一章讨论的是导师将会遇到的最艰难也最繁杂的任务之一。研究生们往往因为贷款和贫穷、孤独、论文写作的问题以及就业前景惨淡而陷入情绪低落期。导师可以帮助学生调整抑郁的情绪。但学生们在被指导的过程中也可能遇到一些问题是导师没有认识到的或者没法解决的。以费斯特(Feste)博士向我们讲述的一名人类学研究生的故事为例:

"是的,我一直都关注着那个女生的论文进度,我尽其所能地对她进行了指导,系里的所有老师都对她进行过指导……一开始她的指导老师是杰里米·斯戴尔斯(Jeremy Styles),她论文的中心思想前后不是特别统一。我记得她的论文是关于女性生育问题的,一开始就不太成体系,后来她的导师又换成了伊安·费尔盖特(Ian Felgate)和拉夫·道勒韦(Ralph Dorroway)。她和这两个导师的关系处得都不是太好,接着她好像又换了几个导师,这样一来就拖了七八年,最后带她的导师是凯洛林·布兰肯伯雷(Carolyn Brackenberry)。整个过程漫长又耗费精力,凯洛林最后总算使那个女生基本完成了论文。就在大致可以交稿的时候,导师凯洛林又有事要出差,为了不让那个学生再等上九个月,她把她交给了我来指导,希望这样她能在 6 月 23 日完稿,那是英国经济与社会研究委员会规定的最后期限,虽然在我看来她其实早就超出那个期限好几年了。系里基本上已经将她除名了,从她的相关资料也可以明显地看出,研究过程的很多阶段都缺乏导师的指点,所以很多导师会问的问题在她的研究资料中都没有得到体现,因为虽然她人在苏格兰,却没有导师在她身边适时地给她建议。所以她的研究存在着很多漏洞,如果她能够得到哪怕是通信方式的指导,比如导师能够写信告诉她,'试试这么做',这些漏洞都不至于存在。她的研究过程存在着很多必须由她自己来应付的指导空白,这是一个很严重的问题。"

所有这样的故事都可以从两个(或者更多的)角度来讲述——这里我们会给出女学生尼娜·伊格自己的陈述来和费斯特教授的版本比较。尼娜是这样说的:

"我来到金佛德大学后被这里人类学研究的某种倾向所吸引……这里的人类学研究注重情感对人类发展的影响因素,而这方面的问题是我一直在集中研究的。"

尼娜当了"八九年的"的研究生,下面是她自己对导师问题的陈述。我们把导师的姓名用括号括起来了,以方便读者区别。

"我的导师(杰里米·斯戴尔斯)离开了一年——我是在暑假时和他谈的,他当时答应做我的导师,然后他就走了。所以第一年我就跟着另一个导师(伊安·费尔盖特),我觉得我们在研究方法上很有共识,所以没有遇到什么问题。然后他(杰里米·斯戴尔斯,第一个导师)回来了,所以我就又跟了他,事情的安排就是这样,然而一年之后他转到了另一所大学任教,(杰里米·斯戴尔斯)就又成为我的临时导师,一年之后他却又公休了。"

此时尼娜已经念了整整五年,她最初的两个导师都已不在金佛德大学,其中一个是永久性地离开了。作为 ESRC 资助的全日制学生,她应该至少在一年前就完成论文的。然而不幸的是,尼娜的故事还要延续三年。

"所以我的导师又换成了另一个人(拉夫·道勒韦),他带了我六个月,接着他又去了别的地方,他离开的几个月里暂时由别的导师(凯洛林·布兰肯伯雷)带我,同时我正在进行论文的扫尾工作。事情的经过就是如此。"

尼娜是这样总结她的问题的:

"……除了导师的变动之外……前两个导师,我觉得,他们是属于同一个学派的,之后我遇到的导师则来自另一个学派,他指出了我的很多问题,其中有一些我觉得是导师指导不够造成的。他们对我的研究只是感兴趣,却不给我提供方向,我在当时需要更多的是方向性的指点。"

奥迪特让尼娜回忆她攻读博士的整个过程,从尼娜的讲述中我们能发现除上述问题之外的很多其他问题。尼娜说1984年整个一年她都在"试着把要问的问题整理出来",然而在进行实地考察之前却发生了其他的事:

"我在1985年怀了孕……怀孕不是很顺利,所以除了休产假之外,我在怀孕5个月后就停止工作了……我有过一次流产,同时我母亲生病了,接着我又怀了孕……"

尼娜在经济上没有遇到困难,因为她的丈夫负责供养她和他们的两个孩子。"我们都认为,由于我在写论文期间生下了孩子,他有必要资助我到完成论文为止。"因为要带两个婴儿,尼娜没有太多时间参与金佛德大学的学术活动,加入比如研究生写作小组这样的组织。所以,"被孤立的感觉非常难受,你知道你面对的是一种只有你一个人在面对的处境,在学术方面,很大程度上你是与外界隔绝的"。

当然了,大多数的研究生并不会在四年里遭遇两次生育、一次流产,以及父母生病的状况,也不会遇到更换四到五个导师这样的情形。但需要承认的是,几乎所有的学生都遇到过若干问题:受伤、由于交不起房租而被驱逐、父母离婚等等,还有一些问题是和写论文相关的,写论文的每一个阶段——考察前的准备工作、采集数据、分析数据、成稿——都有不一样的困难,也有不一样的乐趣。我们采访的一名地理系的学生尤尼斯·莱斯特(Eunice Lester)在她攻读博士的最后阶段这么说:

"令我感到惊讶的是,在研究过程的每个阶段都会有人过来告诉我,这是整个过程中最痛苦的阶段,从设计研究问题一直到现在,每一环都是如此!刚才还有人对我说,他们对我表示同情,因为他们认为我现在做的是所有研究工作中最痛苦最孤独的一种。这的确是一个孤独的过程,其中有失意也有喜悦,我有时会完全厌倦看自己写的东西,感到自己没法再继续了。然而现在,我觉得很乐观。"

本章将对比科学学科和人文学科的研究生们会遇到的不同问题,然后给出一些导师可以借鉴的方法来帮助学生面对和解决问题。我们首先要讨论的是指导学生方面的问题,然后我们会讨论采集数据的障碍以及一些更为私人的问题。

指导方面的问题

正是因为研究生与主要导师之间的关系非常重要,师生关系破裂会对研究进程和论文质量产生非常不利的影响。在这部分我们将讨论导致关系破裂的一些原因和针对性的措施。导师与学生关系破裂可能是由于学术原因、个人原因或制度上的原因。如果是学术或个人的原因,那么最好的办法大概就是换导师了,而且越早越好。更换导师不应该被看做是悲剧或是其中一方的失败。学术上的合作关系就好像是生意上的合作一样,一旦无法继续就应该中止,它并不像婚姻关系带有感情包袱。

案例6.1 威洛·普(Willow Pugh)

威洛·普在以半工半读的方式拿到科学硕士(MSc)学位之后,被转到了波尼·因德梅尔(Bonnie Indermill)博士的指导下仍以半工半读的方式攻读博士学位。五年后师生关系破裂。威洛完全丧失了研究的动力,停止了一切工作。因德梅尔博士因此很恼火,从她的立场来看,已经完全没有必要再安排指导学生的会面了。威洛认为,自己需要一个更加严厉、更加能督促学生的导师,师生双方都认为,威洛应该由萨拉指导。萨拉的指导风格有方向感、有活力,同时具有干涉性,这促使威洛去思考研究进程中的阻碍有哪些,有什么办法可以克服或避免这些阻碍。其中一个问题是磁带的录音还未被记录下来：威洛说服了她的资助方支付了一部分录音带的文本费，又购买了她能使用的录音重放装置。录音内容记录下来之后，接下来的工作就可以开展了。

这一章开头提到的尼娜·伊格的例子说明了，导师休假或出差会对师生感情和整个研究项目的前后连贯性带来破坏性影响。

更坏的情况是导师离职，特别是导师新就任的学校在国外，因而学生无法跟随导师一起转校的情况。比这更糟的情况是导师发生意外或者去世，因为这时师生关系的中断还伴有悲痛的情绪。这样的情况并不像人们以为的那么少见。我们的采访对象中有四名，他们在过去写论文时都因为导师的去世而使论文进程受到严重影响。

案例6.2　丧失学术导师

米罗·卡西根（Milo Kachigan）教授是学术界的泰斗，也是一个备受爱戴的人，尽管他的学术思想颇具争议，然而这种争议性也在某种程度上使他更受欢迎。他去世时，他带的博士生马特·卡德纳斯（Marten Cardenas）才刚开始研究项目十八个月。克雷斯·凯利（Chris Kelly）博士成了马特的新导师。当论文完成，考官萨拉鉴定论文时，发现了其中三处相关联的问题。首先，马特还处于悲痛的情绪之中，无法冷静客观地看待前导师卡西根教授的学术成就。也就是说马特的论文不具批判性，这使答辩过程非常不顺利。其次，凯利教授的影响非常明显，整篇论文就好像是个双层蛋糕，前一部分体现了卡西根教授的学术影响，后一部分则有同样清晰的凯利教授的学术痕迹。这两种不同的学术意见并没有融合为一体，没有形成一个统一的研究设计、分析方法和理论框架。第三个问题是，马特采用了卡西根教授的学说，却并没有很好地将其内化，也不能很充分地对其进行解释。显然，凯利在指导过程中没有提醒马特，要么完全掌握他想要使用的概念，要么干脆将其扬弃。萨拉和一名内部评审人认为论文需要做很大的改进，凯利教授为此有些生气。而马特则感到自己的不足损害了已去世的卡西根教授的名誉，重写论文的过程非常艰苦。

有四种途径可以帮助导师和各个系来预防师生关系的破裂：完善的移交手续、分组指导、详细记录和网络化的组织。如果有老师要休假、出差或离职，系里一般都会做一些安排，却很少要求将由此产生的问题——解决了的和未解决的——列出一份清单，并开会讨论导师去留和更替的问题。费斯特博士讲述的尼娜·伊格的例子体现了她在五次换导师的过程中均存在的移交手续不完善的问题。正式的移交手续应该有一份包括移交各事宜的清单和官方的记录，这是非常必要的。它可以保护新来导师的利益，使他免受不公正的指责，也可以使学校免受来自各方的抱怨。学生则能因此而更专注地进行研究，清楚地了解哪些是已经完成的工作，哪些是有待完成的工作。

建立指导小组或指导委员会在有些大学是一项惯例。至于这样的组织对学生的研究带去了什么影响，包括面谈和读稿子等实际事务方面的，也包括学术交流与合作关系方面的。很显然的是，有些大学的这类组织只是官僚机构的一个虚设而已，而有些则的确能带去学术上的团队合作。如果一个指导小组中有若干个导师都对某个学生的研究项目和学术进展非常熟悉，那么尼娜遇到的遭遇是肯定不会重演的。所以我们鼓励开展为学生利益服务的指导小组，不鼓励因为学术意见分歧或私人恩怨而产生的帮派性质的小组，也不鼓励不发挥实际作用的官僚性质的小组。

导师去世的情况比较少见，但其他原因产生的师生关系中断则并不少见，所以一个好的系的好导师应该能够提供充分详尽的资料记载来减轻师生关系不能继续时产生的负面影响。详尽的资料也能防止导师去世或离职带来的破坏性损失。如果指导过程中对讨论过的问题和达成了共识的问题都进行适当的标注，那么新来的导师就能了解前任导师的思路，学生也能根据记录指出自己研究方法和创意的出处。从我们采访遇到的因为导师去世而使学生的研究方向发生重大改变的例子中，我们无法看出这种突然的转变是由于学生出于对新导师的尊敬或受其他什么情绪的影响而过于草率地接受了新的建议，还是学生根本就没有认识到自己的研究正在新导师的影响下发生重大的方向性转变。对指导和指导过程中做的决策进行记录似乎是一桩苦差事，但在错误发生的时候，这样的记录能够很好地保护导师和学生的利益。

我们要谈的最后一种方法就是网络化的组织。如果同一个导师以前指导过的学生和正在指导的学生彼此认识，如果新来的学生已经阅读了前几届学生的优秀论文，那么他们就能感受到属于一个导师的"特有风格"。那么当师生关系中断时，学生就能够向新来的导师阐述前任导师的思路和指导计划。在卡迪夫大学我们保存了25年间职业和教育方面的定性研究的记录，其中包括大量优秀的硕士和博士论文。通过查看这些历史纪录和浏览优秀论文，现在的学生可以了解到我们研究的侧重点。

采集数据的问题

对于很多科学学科的研究生来说，学术上最大的困难就是怎样从实验室研究或野外考察中得出有用的结论。在第5章中我们已经给出了大量对生物化学博士生的采访资料，他们在采访中讲述了自己如何从实验室研究中得出有用结论的经历，在这里我们就不再重复了。科学学科的研究生导师应该让学生们明白，研究性质的科学实验并不像本科阶段的实验那样，研究生阶段的实验结果不是事先知道的。接受我们采访的生物化学研究生把实验失败看作科学训练的基本组成部分，这样他们就不会因为失败而丧失信心，从而也就有动力去解决问题，因为那些问题本来就是可以被解决的。研究刚开始时会感到困难无处不在，渐渐地这种认识会被另一种确定的认识所取代，那就是一切困难最终都是可以被克服的。虽然适应最初的挫败感是一种痛苦的经历，但这种经历却是学生掌握研究要领和技巧的重要一环，也构成了"实验室经历"的一部分。所以对不确定性的适应是衡量博士生素质的一项重要标准："你……认识到实验十有八九是要失败的；一旦你能够接受这点，你就会没事的。"

导师应该留意学生是否因为实验失败而丧失了积极性。在第5章中，我们引用了生物化学、人工智能学的学生讲述自己研究领域中的各种不确定因素，他们也谈到了自己在无法得到结论时的沮丧情绪。韦托西（Whittlesea, 1995）对药学博士的采访也体现了类似的问题。比如有一个被采访者谈到，在"生物制药领域"成功的唯一标准就是合成新的化合物。"所以他们就必须一直尝试下去，直到成果出来为止，不管需要多长时间。有时这会让他们感到恐惧。"(Whittlesea,1995:68—69)另一个受采访者讲述了他朋友的经历,那个朋友"在年底开始了一项新的研究,是实验之类的工作,进行得不大顺利。他花了整整十个月的时间在这上面,到后来却以失败告终。这场经历沉重地打击了他"(Whittlesea,1995:70)。

我们发现当学生的研究成果开始显示出来时,他们会感到满足甚至极度喜悦。研究生们在实验室的研究开始产生有用的结论时,他们之前的担忧和不确定的情绪都会被一扫而光,不自信会让位给一种不断加深的信念,那就是对实验最终能够取得成功的信念。

我们采访的研究生会将自己个人的研究工作放在一个更为广泛的领域里,也就是说,同一个实验室里所有研究人员进行的相关项目都会成为他们对自己研究工作的参考。放眼整个领域的研究活动有利于学生们保持积极性。一个地理系研究生这样说道:

> "在我们系,大家在进行研究时都会将事情放到一个更广阔的视野中进行思考,这样我们才能看清楚事情的本质。"

学生们还往往会把自己的项目与前人的研究联系起来,并且凭这种联系来为自己的研究定位。一名学人工智能的研究生这样说道:

> "我知道一个模型……是由一位生物学家和一位人种学家发展起来的。我制造了一个机器人来模拟这个模型。在这个过程中我发现了模型本身的若干缺陷,所以我一直在努力改善这个模型。"

我们采访的大多数科学学科的学生都将自己的研究项目描述成对别人研究的一种加深或拓展。一个地理系的研究生是这样说的:

> "我觉得我的工作是进一步拓展了别人的研究成果,我的研究是从他们的基础上开始的,却又突破了那个基础。"

很多情况下学生们都能够指出,具体是谁影响了他们的研究工作。因为他们的硕士或博士后阶段的研究都是在同一个系里开展的。而那个影响他们的人往往就是他们的导师。

> "一旦有了框架,你的工作就有了很多的可能性。我从我的导师那里继承了这个框架,通过对其考察,找出重点,我就在导师研究

的基础上向前迈进了一步,用的则是我自己的知识和方法。"

——一名生物化学博士后

对学生起到影响作用的人也可能是过去就读于本系的一名博士生:

"你可以看到进步,看到事情在向前发展。我用的是比特(Pete)发明的模型,我将它进一步拓展了,并且发现这样一来,这个模型就具有了非常高的应用价值。使用比特的模型使我的研究成果显得格外有意义,因为这意味着比特(以及在他之前从事相关研究的约翰)会对我的研究感兴趣。"

——一名地理研究生

在同一时间研究同一个模型的人数是不确定的。下面这个学生研究的也是比特的那个模型:"比特当时还在这儿,他在研究一个电脑程序的模型。我来这里时他刚好拿到了博士学位。比特在拿到学位后继承了约翰的工作。"接替的现象不仅是回顾时的发现,它也提供了考察个人研究轨迹的一个框架:

"事情的安排是,她在念博士,等我毕业后她会接手我的研究工作。同时还有另一个人将在十月份开始念博士,而到那时我将在相关领域开始博士后阶段的研究。"

——一名地理系博士生

通常,曾经研究过同一个项目或者正在同一个项目上开展研究工作的人会有不同的资助方。不管这个项目是研制生化酶还是发展某个模型,情形普遍都是如此:

"蒂姆(Tim)得到了来自软件工程研究中心和来自行业内的资助经费,他的研究对象是生化酶。在他之前还有一个人是搞生化酶研究的,那个人开创了提纯生化酶的研究项目,并使纯度接近了目标。一年后蒂姆开始了类似的研究,并使生化酶真正达到了纯度要求。现在我接手了这方面的研究工作,我将会做进一步的改善。"

——一名生物化学博士生

这种研究工作的连续性对学生会有鼓励的作用,在学生悲观失望时,导师应该帮助学生看到整个研究团队已经取得的成绩。

我们的调查发现,学生在早期都不太适应每天面对研究进程的不确定性,他们在本科阶段的实验和他们进入研究阶段的实验存在着质的差别。虽然我们采访的所有生物化学学生在本科最后一年里都完成过一个要求实际操作的研究项目,但这并不能为硕士阶段的研究提供充分的准备。德拉蒙特和阿特金森(Delamont and Atkinson, 1995)、柯林斯(Collins, 1985:35)和其他调查者均指出,本科阶段的实验训练往往只是教育过程中一个常规的组成部分,实验要解决的问题其实早已有了答案,而且实验本身就是为使学生得到成功结论而设计的。生物化学学科的导师认识到,研究生会觉得很难适应不确定性。当然了,学生们也承认了自己对实验室工作缺乏准备,在实验失败时会失去信心甚至陷入恐慌的情绪。

对实验不确定性的认识往往会伴随着可能达不到论文要求的担心。博士生们在研究早期必须每天面对的不确定感容易使他们产生怀疑,觉得自己并不一定能拿到学位。念科学学科研究生的一个重要方面就是学会面对"科学研究是没有成功保障的"这样一个事实,生物化学方面的研究尤其如此。学生们可以用多种方法来克服早期的挫败感。其中之一就是要告诉自己,失败并不只发生在我身上,每个人都在经历失败的打击。要让学生认识到这一点,"不可忽略的其他人"(包括导师和研究组的其他成员)所起的作用非常关键。

如果在研究过程中需要采集、汇总和处理的数据必须从自然界获得,那么在很大程度上,研究者会觉得自己在大自然面前处于被动无助的地位。正在等待油菜籽发芽的生物化学研究生和正在等待雨季来临的地理研究生也都会有同样的感受:"现实就是这样,你的研究进程完全为季节变动所左右,这是在自然界实地考察涉及的一个严重问题。"科学学科的学生对付这方面问题的一个办法就是寻求研究小组的支持。研究小组里的博士后们对学生是一剂定心丸,因为他们是过来人,学生看到他们就会觉得自己也有出头之日。至于科学研究中的一些学术问题,一个思想活跃的实验团队能为学生提供最有效的激励。如果学生从事的是社会科学或人文学科这类个体因素更强一些的研究,那么导师可能就是唯一能帮得了他们的人了。如果一个社会科学或人文学科的研究项目出现了问题,导师应该凭借自己的丰富经验帮助学生解决实际的困难,指导学生重新定位研究对象,为学生寻求技术支持,或者在问题解决之前督促学生开展其他方面的研究工作。

到此为止我们讨论的都是数据采集方面的问题。接下去我们要谈谈一些外在因素对学生产生的负面影响,比如贫穷。我们将讨论一系列博士生们可能遭遇的问题,最后会谈到孤独感。

学生的问题,导师的对策

这里要讨论的问题包括:贫穷、不良工作习惯、缺乏动力和沮丧,还有孤独。至于写论文方面的主要问题,将在第 9 章论文写作中的核心内容。

贫穷

贫穷是很多学生面临的一个大问题。他们的居住环境极其简陋,没有足够的钱买食品和衣物,当然也买不起书、电脑或文字数据处理器。这对他们的研究将会产生三方面的影响。

1. 饮食不好会使他们容易生病、乏力、体质虚弱等。
2. 如果在家里工作,那么暖气和光线不够及工作设备陈旧会对学生的健康造成损害。
3. 学生为赚钱必须去从事报酬低而又辛苦的工作,这会浪费很多时间。

如果学生还需要供养小孩或配偶,那么以上这些问题产生的影响可能会加倍,对于来自国外的学生,情况可能还会更糟糕。一个 23 岁单身的年轻人没有钱是一回事,一个 43 岁的妇女,丈夫残疾,又带着两个未成年的子女,她的贫穷则是另一回事,而对于一个拖着妻子和 5 个 7 岁以下的小孩来英国读书的突尼斯人,他的贫穷又完全是另一种处境了。导师针对不同的情况可以给出不同的解决方法。年长的、经济宽裕的导师可以每周邀请他 23 岁的学生上他家吃一顿营养丰富的晚餐,也可以在与学生会面时带一些食品,或给学生宿舍送一篮水果。但如果学生年纪大了,成了家,或者导师本人还很年轻也没有钱,那么上述的解决方法就不可行了。

6 激发学生的积极性

有些大学可能会给学生提供一些勤工俭学的机会,更为理想的情况是,学校提供的工作与学生的论文研究相关。科学和工程学的学生一般可以找到在实验室演示实验的机会,但这类工作收入不多,不足以解决问题。在有些大学,人文学科和社会科学的学生可以通过给本科生上课来得到一些收入(这样的机会一般不会给留学生)。有些大学却没有这类机会用以改善学生的生活。学生们得到这些机会对他们做研究也有好处:教书可以加深学生对所教课程的理解。然而由此得到的收入却并不稳定,10 到 12 周的课程结束之后,经济上的困难就又重新出现了。教书也容易成为研究生拖延研究工作的借口:本科生们会向他们友好的老师提出各种要求,研究生于是往往会花较多的时间开导那些感到孤独困惑的本科生,而不是把这些时间花在做研究和写论文上。

如果在本校找不到勤工俭学的机会,导师可以帮助学生留意其他学校是否需要演示实验或教课的博士生,还可以考虑让贫穷的博士生辅导当地的中学生,帮助他们准备普通中学教育证书考试(GCSE)或普通教育高级证书考试(A-Level)。已经成家的学生甚至可以在家开设这类辅导课。同样的,导师应该为学生们留意这样的辅导机会。当地的大学也可能需要讲授高级课程的讲师,英国工人教育协会(WEA)也会需要一些成人进修班的辅导老师。导师应该认识到学生经济上有困难,需要赚钱,并且鼓励学生找那些与学术相关的工作来做,这要比假装不了解学生困境的态度要积极。

如果学生要供养的不只是他本人,那就应该试图寻求其他来源的帮助:当地的慈善组织、奖学金、学生会的资助。还可以帮助学生配偶在校内找到合适的工作。学生本人可能不知道要去福利机构、学生会和辅导员办公室去寻求帮助。如果学生还需要找别的工作做,那么应该建议他尽量找一些校内的工作,比如做校对或到图书馆帮忙,这些都要比在超市整理货架或打扫别人的办公室强。

当学生花光了钱却还没完成论文,一时又找不到工作,或者留学生因为缺钱而回不了家,在这些情况下,钱的问题会对学生造成极大的压力。案例 6.3 中赫拉克里欧·克斯塔(Heraclio Costa)的经历并不罕见。

案例 6.3 赫拉克里欧·克斯塔

赫拉克里欧·克斯塔来自巴西。他的研究津贴已经所剩无几了,他知道自己如果回国,很可能永远都完不成论文。他最后不得不出售他的手表、电脑和汽车等东西,另外他还必须为其他留学生做写作辅导。

贫穷使人情绪沮丧,饮食营养不够还会损害健康,除此之外,由于学生家里没有一个最基本的工作环境,他们的论文进程也可能因此而受到干扰。一个考虑周到的导师应该询问学生,家里有没有一间暖和的房间可以用来学习?当然,不可能指望导师为学生家里提供暖气,但导师至少可以在校内为学生找一个供暖良好的学习场所,向学生提供或者出借一些暖和的被褥。学生家里的采光如何?可能导师手头一盏闲置的台灯正是学生所需要的。学生家里有没有合适的打字椅、搁脚板、键盘和高度恰当的写字台?这些都是一个好导师应该关心的问题。

如果大学不能为博士生提供良好的工作条件,那么一个关心学生的导师就应该为学生争取这方面的权益,以保证他们的研究不受影响。合适的研究工具,不管是买的还是借的,能够加速研究的进度。凯洛林·谢珀德(Caroline Sheppard)的例子说明了这点。

案例6.4　凯洛林·谢珀德

特丽萨·里斯和萨拉这两位老师发现,凯洛林·谢珀德记录访问的工具是普通的随身听。她并不知道有录音重放装置,也不知道自己系里就有好几台这样的机器可以提供给研究人员。一旦凯洛林意识到这个问题,改用了重放机,她很快完成了采访记录,可以继续下一步分析数据的工作了。

凯洛林·谢珀德的例子说明,我们为博士生提供的介绍学校资源的信息还不够详尽,以至于他们不知道哪些资源是可以供他们使用的。

防止重复性压力伤害也非常重要,导师有必要提醒学生要注意休息,不要长时间地坐在键盘前打字。建议学校请职业病防治方面的专家来为学生做一次讲座,以避免学生日后受各种病痛折磨。

不良的或不适当的工作习惯

即使学生的身体状态很好,他们也有可能萎靡不振,因为他们的学习习惯还是本科阶段形成的,那时有老师讲课,有外部设定的交作业期限和时间表,在那时行得通的学习习惯对于长达三年的独立研究则显得非常不够。如果导师发现学生出现以下状况:任务拖到规定期限之后还未完成,交上来的作业质量不过关,研究工作进展缓慢,那么导师有必要劝告甚至要求学生总结他们的工作习惯,以使学生对自己的习惯有更清晰的自我意识。学生没有认识到,他们必须通过不断尝试才能找到适合自己的工作方式,而且一旦找到了它,他们的全部生活都应该围绕怎样达到最理想的工作状态来展开。

导师可以坦诚地告诉学生自己的问题,这对学生也会很有帮助。比如你可以向学生坦白,自己在午饭前没法工作,一到星期四就没有状态,没有手提电脑就做不了事。这些坦白会让学生感到轻松,如释重负,因为这让他们认识到,即使是一个成功的学者,也会有这样那样的问题(他们总觉得他们的问题我们从没遇到过)。师生可以借这个时机进一步就如何解决问题进行讨论。当然了,把你的所有烦恼都倾诉给学生听是没有效果的,也是对学生不公平的,但适度地承认自己的缺陷却常常能起到激励学生的作用。

案例6.5 打通瑞门德·伯登(Raymond Boynton)和玛格丽特·拉什布瑞格(Margaret Rushbridger)的论文思路

在一堂常规的论文写作课上,导师萨拉向她的学生们坦白了自己写东西的一个怪僻,那就是她只能在零散的纸片上写文章。面对一张空白全新的稿纸会让她恐惧。班里的一个叫瑞门德·伯登的学生听得非常投入,他显然对此很感兴趣。一周后他来找萨拉,原来他之前一直写不出论文,听了萨拉的自述后,他也尝试着在废纸上写东西,没想到这个方法真的见效了,他已经写出了3 000字的论文。瑞门德向班上的其他同学讲述了自己的发现,他们中有一个叫玛格丽特·拉什布瑞格的同学也有类似的经历,只不过她的思路是被电脑打开的。她发现自己在手写或用打字机写论文时会产生紧张感和恐惧感,因为每个字都会永久性地留在纸上,改动不了。而面对电脑屏幕,她可以随心所欲地对文字进行改动和删减,就好像只是在打草稿一样。

我们经常会发现一些学生,他们对自己的身体规律一无所知,他们也不知道自己喜欢在什么地方写东西，以什么姿势写，用什么方式和设备写。他们从来不曾尝试，所以也就不知道在什么情况下自己会处于最佳的工作状态，是静还是闹，是清晨还是傍晚，是坐在带写字板的椅子上还是坐在手提电脑前，是用笔还是打字机，是写字台还是厨房的餐桌。导师应该帮助学生去发现他们喜欢以什么方式工作，并设法创造条件使他们进入最佳工作状态。

案例6.6　板球比赛、柴迪克舞曲或苏格兰民间摇滚

一旦到了板球赛季或其他类似的赛季，萨拉就进入了工作的巅峰状态。她写东西时不习惯安静而喜欢吵闹，不爱听音乐，却偏爱听人说话。对于萨拉来说，最理想的是国家队间的板球决赛——比赛讲解员会说上一整天。萨拉通常会打开电视，调到静音，同时打开收音机，放出讲解员对每个球的评论。除非比赛中出现了某些特殊情况，否则她不会抬头看屏幕，只是让房间里充斥着广播里喋喋不休的说话声。如果没有实况比赛，她就会借一些比赛的录音带，约翰·阿勒特（John Arlott）和布赖恩·约翰逊（Brian Johnson）这样的讲解员评论戴瑞克·昂德伍德（Derek Underwood）和艾伦·诺特（Alan Knott）等选手在场上的表现，以及他们关于巧克力蛋糕的玩笑，是萨拉写论文时不可少的背景噪音。保尔和萨拉不同，他更喜欢用音乐作背景：不是那种严肃的需要集中精力去听的音乐，而是具有跳跃性节奏感的音乐。伴随他进行学术工作的音乐包括乡村音乐、西部音乐、柴迪克舞曲、苏格兰民间摇滚，以及斯塔克斯和大西洋唱片公司出品的一些专辑。

导师们常常会与研究生交流这方面的偏好——但目的不是要让学生接受自己的偏好，而是为了使学生认识到，每个人的工作习惯都不一样，关键是要找到适合自己的那一种。

有些学生在本科阶段靠突击和考前临时抱佛脚就能取得优秀的成绩，所以在念研究生时，他们可能认识不到每周工作36到45个小时的必要性。很多学生对老师每天的工作量缺乏正确的估计，所以他们可能也就意识不到，写一篇八万字的论文需要三年的时间，并且每天都需要全身心地投入。而有些学生则会走到另一个极端，觉得任务异常艰巨，

因而工作得过于辛苦。导师可以让学生改正我们在第 2 章提供的时间表,通过布置这项任务来引出关于每天、每周、每年的工作进度的讨论。通常,只有在导师细致考查学生的工作习惯和进展时,一些更深层的问题才会被发现,比如学生缺乏或丧失积极性,这将是我们接下来要讨论的问题。

缺乏或丧失积极性

这个问题有三方面:

1. 厌恶和排斥研究工作的某个方面(比如寻找场地、做数据分析、写作和文字处理);
2. 暂时对整个项目失去激情;
3. 严重的抑郁情绪,可能已经是一种精神疾病,需要医学诊断。

这些问题各不相同,在处理时导师所扮演的角色当然也就不同了。如果学生的抑郁情绪非常严重,甚至明显是病态的,那么导师一旦发现症状,就应该督促学生尽早地接受咨询或治疗。治疗季节性情感障碍和其他的一些精神疾病显然是在导师的能力和责任范围以外的。由于其他原因产生的积极性缺乏和丧失却是导师应该去解决的。

如果学生讨厌某项具体的任务,有很多种办法可以对付这种情况。比如可以为他们寻找帮助:导师可以组织几个学生共同合作完成某项任务,或者雇人来帮忙做,或者派一个本科生来帮忙,又或许系里有些研究员和老师对这项任务很感兴趣,那就可以分一点给他们做。在不影响整个研究项目的真实性和独立性的前提下,适当的外援可能正是问题的解决办法。另一个办法就是暂时搁置那项令人不快的工作,着手做其他事,或者在做那项令人不快的工作的同时开展其他任务。学生总是在写论文阶段拖延时间的一个主要原因是他们除了写论文已经没有其他事情可做了。如果他们在研究的其他阶段就开始写论文,他们最后就不会落得要么写论文、要么就无所事事的境地。学会交替地完成多项任务,采集数据、分析、乏味的文书工作,是一个有效率的研究者应该具有的重要素质。

有时学生对某项任务特别反感是由于学生自身的研究素质问题,有时它还体现了学生生活中的一些更宽泛的问题。就拿杰弗逊·科普

(Jefferson Cope)和香农·杰鲁克斯(Shannon Giroux)这两个例子来说:

案例6.7　杰弗逊·科普

萨拉是杰弗逊·科普的导师。他的硕士学位是在他本国念的,研究项目主要涉及收集本国教育局官员的口述历史。他来到英国后,想做一个更大范围的仍然是针对教育局官员的研究,用的还是口述历史的方法。萨拉指导杰弗逊几个月后,发现他并不了解他所使用的这种研究方法,他还需要更加深入地考虑研究方法问题,才能继续进行博士阶段的研究。于是萨拉建议杰弗逊在访问研究对象的申请被批准前的等待阶段,先读一些关于研究方法的经典著作,并写一些相关的评论。杰弗逊非常不乐意,觉得读经典的差事很无聊。在僵持了几个月之后,杰弗逊得到了批准,进入了实地考察阶段。然而他收集的数据质量不佳,萨拉和他本人都对此很不满意。萨拉回忆起这段经历总结认为,杰弗逊讨厌阅读方法论著作这一现象本身就说明了他在研究方法领域的欠缺,在实地考察前就应该首先面对和解决这个问题。

案例6.8　香农·杰鲁克斯

香农·杰鲁克斯的教育博士研究已经进入了写论文阶段。她的论文没有丝毫进展,原因很简单,她是一所学校的副校长,正校长经常生病,她不得不代理正校长处理很多事务。同时,她女儿的婚姻又出现了问题,所以只好带着三个小孩暂时住在她家。显然,在这种情况下,香农必须选择是放弃学位或者立即采取弥补措施。幸运的是,香农在经济上没有困难。于是我们为她聘用了一名做录音记录的自由职业者,还聘人将她研究要用的基本数据输入了综合统计软件SPSS,有了这些输入SPSS的原始数据,就可以进一步做量化分析了。香农还找女儿谈了一次,商量了家里的噪音怎么解决,家务活怎么分工。由于交论文的期限在她的申请下得以延后,她最终拿到了教育博士学位。

如果学生对某项研究工作的厌恶情绪非常严重,可以参考卢德斯塔姆和牛顿(Rudestam and Newton, 2001:134—137)的著作。他们在其中讨论了美国博士生在研究过程中会遇到的阻碍,有情感方面的,也有与具体任务相关的。这些讨论可以使导师明确,他学生的问题究竟是情感因素引起的,还是研究工作造成的。另外,科瑞尔(Cryer,2000)的著作中有一章是关于"颓废"的,学生们读了它会有被解放的感觉。利奥纳多(Leonard,2001)著作中的第7章讲的是"保持积极性,坚持下去",写得非常出色。当然了,如果问题实在严重,导师也应该考虑让学生休假一段时间,改念低一级的学位,甚至完全放弃研究工作。很多学生都会愿意接受导师的建议,停止徒劳的努力,只拿一个硕士学位或者完全退出。

如果系里所有老师对研究生的情况都很关心,并主动向他们的导师询问研究进程,那么研究生们会从这种氛围中受益。有时候,导师在偶然的情况下——在走廊上或复印机旁——向同事述说自己学生的研究成绩,会让学生倍感骄傲与喜悦。这比当面表扬他们来得更加有效。

如果可能的话,可以时不时地给学生打打气。你要是能组织一些活动来为学生的研究工作增添活力,你就为形成良好的师生关系作了一大贡献。你可以尝试组织让学生参加的活动包括:系里的座谈会,在别系做论文报告,参加会议,写会议发言稿,参加暑期学校,写书评,写文章,写书的个别章节,以及组织小型的研讨会。所有的这些学术活动都有利于学生将精力重新集中在自己的论文题上。

为系里的讨论会准备发言稿这样的任务对于学生是一种激励。如果系里的讨论会无法定期为学生提供发言的机会,那么导师可能需要自己组织一些讨论会,这样的讨论会可以由课题小组的成员或者小规模的观众参加。如果你指导下的一个"态度颓废"的学生受到邀请参加一个在别的大学举行的研讨会,这个学生的积极性会有很大提高,尤其在这种邀请看似是临时做出的决定,对学生完全突如其来的情况下。一个有强度的暑期培训班也是鼓励学生的极好途径,它能教给学生具体的技能,同时还迫使他们结识新朋友。

案例6.9 干 涉

普里斯哥特·米尔豪伦德(Prescott Milholland)明显落后于其他学生。别人的论文都已经交了,他的论文却迟迟没完成。他好像丧失了一切写下去的动力,新近他的研究领域出版了一本新书,这加重了他的沮丧情绪,因为他觉得书中的内容会使自己的学术思想失色。他的朋友找到了导师,导师得知这个情况后专门针对普里斯哥特的研究论题组织了一个全天的会议,邀请新书作者和普里斯哥特在会上发言。普里斯哥特在会上发现,新书作者的想法与自己的并不相近,新书出版并不会使自己的论文显得多余。这次会议大大激发了他的动力,他很快完成了论文,拿到了博士学位。

参加会议,向会议呈交论文,或是帮助组织一个会议,这些都能够鼓励学生。导师应该为学生争取这方面的机会。学习在会上作报告,见新面孔,观察会议是怎么被组织起来的,这些都能将学生的注意力从眼前的问题上转移开来,从而看到完成研究、上交论文的长远目标。对于一个年轻的学者来说,没有比自己的东西被发表更为激动人心的事了,所以如果导师能够为一个丧失了动力的学生争取到发表的机会,对提高他的积极性会起到奇迹般的效果。

一般来说,应该建议学生自己奖励自己。导师可以问问自己,你是怎么给自己加油的,又是怎么奖励自己的,也可以就这些问题询问你的同事,然后鼓励学生效仿你们这些专业学者的自我奖励方式。我们学校的老师用新的文具用品来奖励和鼓励自己。开始一个新的研究项目为购买新文具提供了最好的借口:新文件夹、漂亮的活页夹、新的铅笔、水笔、磁盘盒及各色的软盘等等。接下来,开始新的研究就成了一种享受,因为可以用这么多好看的新玩意。

案例6.10 外在奖励

戴泽莉·沙佩罗(Desiree Shapiro)对鞋子疯狂喜爱。当她因为专心于教育博士论文而心烦意乱时,她决定给自己一个奖励:在交了论文之后,她要给自己买一双帕特里克·考克斯(Patrick Cox)牌的女靴。以后,每当她发现自己打不起精神来做研究时,她就让自己去想那双靴子。

孤独感

所有对博士生的调查都发现,孤独感,包括社交层面的和学术思想层面的,是一个经常提到的问题。这是对学生最有害的问题,埃格雷斯顿和德拉蒙特（Eggleston and Delamont 1981,1983）已经研究过,其他调查者也就这个问题进行过讨论（Becher, Henkel and Kogan 1994；Brown 1982；Diamond and Zuber-Skerritt 1986；Hockey 1991,1994a,1994b；Katz and Hartnett 1976；Porter 1984；Rudd 1984,1985；Scott 1985；Scott and Porter 1980,1983,1984；Vartuli 1982；Wright 1992；Young et al. 1987）。对于在实验室跟着课题组作研究的科学学科的学生,孤独感并不会构成太严重的问题,但对于很多社会科学和人文学科的学生,所有非全日制学生,还有远离家人朋友的留学生,他们的孤独感会特别强烈。对于那些在年龄、性别、种族、宗教和论题上与系里大多数学生"不同"的学生,他们也会感受到强烈的孤独感。

导师和学生所在的系应该可以做一些努力来减轻学生的孤独感。首先必须向学生指出,从某种意义上来说,孤独感是必要的。一个有创意的研究项目一旦启动,学生就必须在学术上对它负责,必须成为该领域的专家。学术上的孤独感是必要的、可取的。但是,这种学术上的孤独没有必要造成情感上和社交上的孤独感。事实上,学生们应该认识到,后者反而会阻碍前者的形成。导师应该尝试,让系里所有的研究生,甚至包括所有教职员工,都有机会进行正式的和非正式的见面。除了学术研究方面的讨论会,每个学年都应该定期召开关于如何发表、如何写简历、如何准备答辩和如何找工作的座谈会。如果学生们中间还有人在教书,那么也可以组织关于怎么提高教学水平、怎么评估、怎么做辅导员工作的研讨会,这些场合都能把学生集中在一起。学生获准进入教师公用办公室,与老师们一起享用一顿自助午餐,或是在工作后一起喝上一杯,只要在这些活动中学生乐于交流,而不是躲在角落,他们的孤独感都能得到一定程度的减轻。然而这些社交活动,尤其是涉及酒精的社交,对于从伊斯兰文化来的留学生可能会显得陌生,不合适,甚至难以想象。在家教很严的文化下长大的女学生,以及带着小孩的家长（工作后的社交对于有家室的人来说总是困难的）可能也会不方便参加这些活动。一个好的系应该尝试多种办法鼓励学生融入集体,多交朋友。

案例6.11　大家一起解决问题

一组念教育博士的学生不约而同地感到,写论文过程中产生的孤独感非常折磨人。他们都很怀念以前课堂上彼此间的同志友谊。他们于是组成了两个小组。一批男生每星期一晚上在图书馆汇合，学上三小时后就去酒吧放松。一些女生则组织起了周六午餐会，每月集中一次，在享用美味午餐的同时给彼此打气加油。两个小组的成员都从这样的集体活动中找到了学习的动力。

关于社交生活对一个科学研究组的重要性，大卫·皮尔森（David Pearson, 2002）的调查已经清晰地体现了这一点。至于团队精神的重要性，一位科学家给了我们一个非常实在的阐述：

"我要找的人是能够融入集体的人，基本上说来，他们应该合群，会与别人交流，因为我希望我带的研究组是一个快乐的团队。我们彼此都很合得来，学生们不仅研究搞得好，互相之间的交流也很多，大家在一起过得很开心。我是说，我回忆我自己的人生，觉得念博士这几年是我这辈子最快乐的时光，所以我希望我的学生们也能在离开这里时感到，他们在这里的日子很快乐，还取得了研究成果。但是当然了，很多情况下，我们在挑学生时的选择余地并不大。尽管如此，还是会有一些学生，他们站在你面前时你会想：'嗯，他们真的能加入团队吗？'你常常抱着碰碰运气的态度招了他们，可如果出现一些情况，他们最终来不了了，或者有事耽误了，你也不会觉得这是什么损失。很显然，你必须要小心一点。所以，就像我刚才提到的，现在这个时代里，学术能力并不是最主要的。（他在接下来的采访中谈到了运动，用来说明自己重视学生身上的哪些素质）：我们对申请加入的研究人员的要求是：'你踢足球吗？踢得好吗？'如果他们踢得好，那他们就会受欢迎，我是说我们这儿踢的是一种社交足球——每队五个人，男女都参加——它为整个小组创造了良好的氛围。"

皮尔森在采访最后带着嘲笑的口吻说："那种喜欢孤独，对运动既没兴趣也不在行的人，就算他是个才华横溢的科学家，我也不能想象他能在一个像我们这样的团队里轻易生存下去。"

留学生们可以从校内或当地的同乡会或宗教组织中得到支持，比如印度同乡会、智利同乡会、穆斯林信徒汇集的当地清真寺等。如果来自同一个国家的留学生数量不足以组成社团,那么可以安排留学生与在本校学习留学生国家语言的本科生认识。在 20 世纪 80 年代,我们有一个从巴西来的博士生,我们把他介绍给当时正在学习土耳其语和巴西当代电影的一名本科生认识。他们于是会偶尔在一起喝杯咖啡,用土耳其语讨论巴西当代小说。两人都能从中受益。那个博士生可以用母语谈自己国家的文化,而那个本科生则免费上了一堂口语课。研究生能够获取支持的重要来源就是一个有经验的论坛组织,如果这个论坛本身包括一个研究生板块,那就更好了(如果没有,研究生们可以创办一个)。这样的论坛组织可以为学生提供一个网络,一个有组织的身份、行政方面的经验,也可以丰富学生的简历,减轻他们的孤独感。除了系和校以外,在因特网上还有一些可以通过发电子邮件申请加入的学术社团,为成员发送通讯稿等等。

我们对地理系学生的调查显示,他们在加入专业社团方面做得很好。很多地理学的研究生都加入了一个地理学者组成起来的社团,即英国地理学家协会(IBG)。这个协会有一大部分都是由研究生组成的。其中一名来自韦尔菲瑞(Wellferry)的名叫派其·施罗德(Patsy Schroeder)的学生感叹道:"我觉得 IBG 太棒了!"当然她有这样的感触,一部分是由于她参与其中了。她从博士生一年级就加入了 IBG,一直是这个协会的积极成员,她高度评价了协会的通讯稿和会议的质量,以及它的网络化组织。派其和她的朋友们都认为:"如果你要成为一个专业的地理学家,你就必须尽早地加入一个学术网络。"

大多数的学生没有加入 20 世纪 90 年代早期的另外两个地理研究机构,即皇家地理学会(RGS)和地理协会(GA)。皇家地理学会(后来它与英国地理学家协会合并了)当时在研究生们心中有一种过于传统的形象。正如布赖恩·弗尔所说:

"我的个人感受是,皇家地理学会好像已经沦落到了去丛林里冒险然后回来给别人放点幻灯片的地步。IBG 显得更学术一点。它组织了一个研究生论坛,对我们很有帮助。"

朱丽安·佩里尼(Julian Perini)也有同样的感受。她把加入 IBG 描述成一种"自然的选择……加入不需要多少钱,而且它的名声相当不错"。那些没有成为 IBG 会员的学生也会去参加它组织的会议,上 IBG

的学生论坛或去一些与 IBG 相关的非正式集会。在我们采访的所有专业的学生中,这些地理系的学生是与学术组织的联系最为紧密的。这在一方面是因为 IBG 在吸收研究生成员的政策上比较宽松。我们采访的社会人类学学生就没有机会加入它们领域的一个类似 IBG 的组织:社会人类学家协会。过去这个协会只允许带研究生的著名教授加入,不设学生可以参与的分支机构。所以人类学学生们常常感到自己与其他系的学生和专家脱离,在整个学术领域里处于一种被孤立的境地。而这种感受是地理系的学生们未曾经历过的。在新世纪里,社会人类学家协会和皇家人类学学会都开始允许研究生成为它们的会员。

如果你所研究的领域有一个研究生可以加入的专业学会,你应该鼓励你的学生加入,这对克服他们的孤独感很有帮助。当然,学会的会员资格只是一个解决一组庞杂问题的个别方案。就像这一章甚至整本书所要试图说明的,虽然研究生阶段的研究对师生双方都可能是极具收获的经历,它也同时存在着诸多问题——个人的和学术的。有经验的成功的导师会在乐观的同时做好准备防止糟糕的事情发生。学生们一旦遇到困难,不管是经济上的、个人生活上的还是学术研究方面的,他们就常常会变得萎靡不振。积极性和自信心都会因为一时的困难而受到很大的影响。那些圆满完成了研究生阶段研究任务的学者都明白,克服障碍获得成功并不是一件不可能的事。所以导师们可以把自己以前带过的优秀研究生的案例作为正面教材。学生和导师都需要时不时地告诉自己,成功是可以取得的,成功是非常令人愉快的。导师有必要了解学生可能会面对的各种问题。显然,多次调查反映的孤独问题是导师不容忽视的。在某种程度上,就像我们已经指出过的,学术孤独感是博士研究的一种内在性质:对一个单个的项目做长期的研究,并对研究负全权责任,这不可能不成为既孤独又冒险的差事。如果一个学生在研究过程中从未意识到他所面临的危险也因此从未产生过孤独感,那么这个学生可以说是不具有足够强的反思意识的。而另一个方面,社交上不必要的孤僻会对学生产生负面影响。导师们应该留意那些研究工作失去了方向感的学生,以及那些独自闷头苦干以至于研究工作完全无乐趣可言的学生。同时我们也要指出,研究工作由于各种原因而失去了方向的学生一点都不罕见。我们已经看到,科学实验并不总是一帆风顺的。社会科学学生会在获得资料、采样人群和可被解释的数据等各方面遇到困难；人文学科的学生会感到自己迷失在作品和资料库的汪洋大海之中，看不到他们想要寻找的本质的东西。无论由什么原因产生的无聊泄气都是有害的。好的导师应该能够发现症状，接着努力和学生一起寻找问题源自哪里，解决它的最有效的办法是什么，能够克服它的实际行动计划有哪些。师生双方中任何一方如果出于不必要的谨慎、尴尬或自责而回避这些问题，那么结果只能使问题加剧。

7
提升导师和学生的判断力

> 无论是柜子上的那一个造型怪异的雕塑或者是那个看上去像一个巨大扭曲的开瓶器的三维铝制表格,在他们的基座部位都刻着一个词:抱负。
>
> (Sayers, 1972:12)

引　言

上面这段话是出自塞耶斯写的一个段落,她在这个段落里将缺乏美学品味的本科生与年长女性对雕塑作品优劣的敏锐判断进行了比较。这一章重点要讨论的问题是:导师怎样才能引导学生培养在学术上的"好品位"(Bourdieu and Passeron 1977,1979)。研究生们应该培养自己的一种判断力,判断实验做得是否成功,分析是否"正确",读取的数据是否可靠,假设是否被推翻了,等等。

判断力是专业学者的一项重要素质。摘得诺贝尔桂冠的生物化学家斯潘塞(Spencer)在接受吉尔伯特和马尔凯(Gilbert and Mulkay,1984)的采访时明确地说:"如果你是一个实验工作者,你就该知道什么重要,什么不重要。"一位接受甘姆波特(Gumport,1993:265—266)采访的物理学家也发表了相似的意见:

> "我试着教会他们一组技巧,其中最重要的就是知道自己什么时候是正确的,什么时候犯了错误。学生们往往会错了也不知道。但经过一段时间后他们会发现自己的错误。这种发现一部分是凭直觉的。"

本章涉及的一些问题在第 5 章中已经提到过了，我们在这里再把它们拿出来讲是因为做判断对指导研究生来说实在是太关键了。师生双方都应该培养自己的判断力。学生们必须在三年的时间里学会用独立研究的恰当标准来评估自己的工作，而不再拿本科阶段的标准来看待自己。导师则要学会客观评估学生目前的研究成绩，以及研究在日后得到改进的潜力，并努力帮助学生发展他们的研究技能。

这是一个复杂的领域，尤其是因为我们要讨论的是学科所需的一种不确定的、微妙的、暗示性的技能（参看 Atkinson, Reid and Sheldrake 在 1977 年对此术语的讨论）。教会学生明确的技术性的东西要比教会他们不明确的软性技能容易得多。很多关于职业，尤其是专业程度较高的职业的调查文献都体现了这一点，尤其明显的是医学、护理学、律师行业、教师行业。然而，我们并不清楚这些专业领域的学习者究竟是怎样学会自己学科所需的基本鉴别力的，我们也不清楚这些专业内的行家究竟是怎样运用自己的鉴别力的。学术文献并没有为我们创造一个可转化模型帮助我们认识学术判断力这回事。原因很显然，这样的模型根本是想不出来的。有经验的学者是从常年的工作经验中学会判断领域内的研究和出版物质量的，大多数情况下他们没有经过明确的指导，就像前面引用的那个物理学家所说的那样。

本章我们将讨论怎样培养你对学生研究工作的判断能力，以及怎样去帮助学生发展他们自己的"品位"和鉴别力。在我们讨论判断力和鉴别力的培养之前，要讲两个互相对照的小故事，它们可以将本章要讨论的中心问题具体化。两个接受埃格雷斯顿和德拉蒙特调查（Egglestonand Delamont, 1983）的学生在选择适合于他们数据的统计方法时遇到了困难：

> "数据分析的问题直到论文被退回来时才被我认识到，论文是由我们系内的导师指导的，交上去后评审人鉴定的结论是我的数据分析方式不合适。所以又来了一个外校的导师来重新评估我的数据。此后解决这方面问题的工作进展得很顺利，然而它还是花去了我整整一个学年的时间。它也使我多了很多额外支出。"
>
> ——伦·克里门特（Len Clement）

"在统计实验数据时我遇到了一个严重的问题。我在已经完成了一系列实验后阅读了一个美国心理学家写的论文,他在文中批评了人们做我这类实验时按传统惯例运用的统计方法。我是在瓦尔雷特·维雷特(Violet Willet)的指导下和现成的电脑软件的帮助下完成原始数据的统计工作的。我花了很长时间才意识到,论文中批评的正是我所使用的统计方法,又过了一段时间,我才搞明白为什么论文作者反对我的方法。出于某些原因,我很不愿意在自己还没有把问题想清楚的情况下在导师面前提出这个问题。但令我惊讶的是,我的导师(伯纳比教授)在得知我遇到的困惑之后非常理解我,也非常热心地给予我帮助,我都后悔自己没有早点跟他谈。他及时地帮助我开始依照那位美国学者定下的高标准来重新分析原始数据。"

——约瑟夫·切夫林(Joseph Trevelyn)

第一个例子里,伦·克里门特和他的导师都没有在评审人指出问题之前发现问题。伦的判断做得太晚了。我们这一章的一个目的就是要帮助学生和导师避免出现像伦这样的情况。上面举的第二个关于约瑟夫的例子比较起来更加积极一点,因为约瑟夫显然已经学会了独立地进行学术判断。他读了论文,认识到其中的批评与自己的研究相关,并进而重新分析数据,这个过程是一个博士生成长为一个成熟的有判断力的学者的典型代表。约瑟夫·切夫林在这个过程中学到了心理学对统计数据的严格规定,并对这种规定产生了认同。从伦·克里门特的例子里,我们却看不出他究竟是否认同评审人的鉴定意见。一个好的导师应该让学生像约瑟夫一样,在交论文之前认识到问题并学习解决它。

上面两个故事只是反映了这一章将要提出的一系列问题的其中之一。我们将分三方面对这些问题进行讨论:导师如何评判正在进行的研究工作;导师如何训练学生的判断力;以及论文的鉴定(这个问题我们将在第9章中做进一步讨论)。培养判断力这个问题在很多关于指导博士生的文献中都没有涉及,有些即使涉及也谈得很肤浅。我们认为这方面的问题是博士生阶段学习的一个根本组成部分,学生们在这个过程中不仅能完成论文,还会成长为一个具有鉴别力的学者。大卫·皮尔森(David Pearson, 2002)的采访对象中有一些谈到了这个问题:

"菲利普斯博士(化学家):他们必须知道……什么问题是可以

自己立刻解决的,什么问题是值得与导师商讨的。这是一个如何掌握平衡的问题,学生们必须学习它,而每个学生的情况又各有不同。有些能力很强,凭直觉就知道哪些是安全的、可以去做的事,有些则不那么聪明。"

培养导师的判断力

新导师往往对自己评判学生的能力存在怀疑,更糟糕的是,他们不知道学生的论文写到什么程度才算是"足够好",并可以交上去了。这方面一个有效的解决办法就是读一些优秀学生论文,然后与负责指导和评审这些论文的同事交流经验。

要让年轻导师对自己带研究生的资格产生足够的信心非常困难。学术生活的性质就是如此,因为学术圈普遍缺乏明确的指导,每尝试一项新的工作都会让人为难。目前被广泛采取的做法是,在开始一段时期让年轻导师与一名更有经验的同事一起带学生。共同承担指导责任有很多好处。最值得一提的是,资深导师可以为研究计划提供总体建议和支持,为学生和年轻导师提供研究要求的基本参考,在一个模糊却又关键的问题——与学生进行的研究和所攻读的学位相匹配的研究规模和评估要求上,资深导师也会给予很有帮助的意见。了解情况基础上的信心是非常关键的。我们一直试图强调,信心在整个指导过程中起着根本性作用。导师应该对学生有信心,学生应该对导师的整体评估能力有信心。但这样的信心是建立在了解情况的基础之上的,而不是一种盲目的信念。在很大程度上,信心来自经验。更重要的是,它来自导师自己的研究活动。由于一些我们将在以下讨论的原因,一个沉着的导师一定同时是一个积极的研究工作者,他具有放眼整个学科的广阔视野,也能鼓励学生扩展视野,从而对整个研究项目有一个总体的战略性的把握。一个有信心的导师可以帮助学术上刚起步的学生培养他们需要的多种软性技能。

除了与资深导师一起带学生之外,学习怎样做一名评审人也会给年轻导师带来极有价值的帮助。让一个没有多少指导经验的年轻导师作为内部评审人与校外评审人一起鉴定论文并不是常有的现象。当内部评审人能够使导师得到很多如何评判论文的经验；与校外评审人进行讨论和交流以及参与答辩会（如果有的话）都是非常好的机会，导师能够从中学会怎样评估研究的最终成果，了解到学术判断力是怎样起作用的。当然，当校外评审人的经历也会对指导学生有直接帮助。看看其他学校导师的学生是怎么做研究的，他们和他们的导师又是怎样就研究过程展开讨论的，这些经历都会非常有帮助。做校外评审人，你常常会发现，别的学校的情况和自己学校的相似，它们学生的论文也和自己学校学生的论文有同样的优点和毛病，这样的发现会使你感到宽慰。

当然，做评审人就必须要读学生的论文。大体上来说，我们只读由我们指导或评审的学生写的论文。但如果你感到自己作为导师缺乏信心和经验，那么读一些其他学位论文会很有意义。事实上，这是一个使你自己熟悉领域内最新的、最优秀的学术作品的好办法——从出色的研究小组那里借来刚开始在学术界形成影响的年轻学者的作品来读。很多学科，尤其是社会科学和人文学科，一篇优秀的研究生论文通常会过很久才能被公布于众，产生影响：学术著作要在几年后才会出版，而在期刊上发表也要经过很长一段审稿编辑的过程。阅读论文原稿有几方面的好处：你可以在它以学术著作的形式出版之前就读到它；你可以了解到学术圈里研究生论文的总体风格和标准；你可以及早发现学术圈内的新生力量，可以联系他们，鼓励他们加入你自己的研究小组。

有一种危险的看法就是把对学生的指导当作一件私事（即便是在两个导师共同指导博士生的情况下）。作为一种学术活动，指导研究生没有本科阶段的教学指导那样清晰可见（课程安排明确地写在课程表里，各系的评审委员会就学生成绩开讨论会，给学生上课构成了大多数老师教学任务的主体）。研究生研究工作和进程也应该被看做集体的事。导师应该积极地与学生和同事讨论研究生研究工作，并将其视为一种职业责任。

广而言之，没有理由不将指导研究生论文列入全校或全系的发展计划之中。虽然形成判断力和"品位"的基础通常是说不清道不明的东西，而且与具体专业紧密相关，但从总体上讨论怎样处理师生关系，怎样促进对学术文化、学术惯例和判断力的认同感，这是对各方都有好处的事。

学生是否能够有好的学术判断力在很大程度上取决于导师和系里的同事能不能使他们完全融入学术文化圈。必须牢记的是，新来的研究生对学术生活的接触非常有限。本科阶段的学习只是把一种极受局限的知识版本交给了学生，所以学生只知道"书本"知识也是情理之中的事。硕士阶段教授的课程也很少为学生提供机会，让他们感受到学术生活、学术研究工作的复杂性。相对于怎样运用知识，学生们对于知识是怎样被创造出来的过程知之甚少。攻读专业博士学位的学生可能会对学术生活有一定了解，然而事先就将这种可能性假定为事实是不对的。这些攻读专业博士学位的学生在入学前从事的各个职业里都充满了对学术圈的种种误解和成见。了解学术生活的各个方面会对学生有很多帮助：他们会较成熟地看待自己的研究；他们会以领域内其他人的研究为参照来看待自己的研究；他们会理解和运用学科涉及的一些日常的、地域性的惯例；他们能够较轻松地成为研究组的成员或系里的老师——我们将在接下来更深入地阐述这个问题。

训练学生自己的判断力

这个问题有两个方面：一方面是导师能够做的，那就是尽可能详细明确地向学生阐释学术圈里的人是怎样做判断的，另一方面则是学术活动包含的一些更为隐性的内容。导师应该向学生介绍学术圈的运作方式：比如在你的学科领域内，同行评议是怎样展开的。就像迪姆和布海尼（Deem and Brehony, 2000）所指出的，人文学科和社会科学的研究生很少有机会观察或者参与他们导师及其他教职员工正在进行的研究。你也可以创造一些时机让学生学习怎样鉴定，而不是只就一些机械性的流程给予他们明确的指点。在教学生做判断时，学生越是对暗示不敏感，你就越有必要尽可能明确地阐述你的意思。

导师如果在某个专业领域非常活跃，那么这方面的指导就比较容易进行。如果导师正在编辑一份期刊、评定期刊稿件或会议发言稿，写书评、参加会议或鉴定论文，那么这些运用学术判断力的机会导师都可以拿出来向学生解释，与学生分享。导师在学术领域越不活跃，学生训练判断力的机会就越少。所以，帮助学生的方法之一就是让自己活跃起来。

我们来举一些具体的例子。如果有相关学者来到你所在的学校或系里做演讲，你应该和你的学生一起去听，鼓励他们提问（如果合适的话），之后与他们讨论演讲有哪些可取之处，哪些缺点。如果你不能去听，你可以让学生们向你汇报演讲和讨论过程，总结他们的批评意见。如果有与你学术领域相关的会议要举行，那么讨论就可以涉及更多的内容：你们在会上做了什么，为什么，会上的发言如何，你和你的学生各有什么看法。如果只是你的学生去参加了会议，你可以鼓励他们把他们的会议经历讲给你听——如果你还听取了你的同事对会议的反应，那么你可以将你对两种陈述的比较和学生分享。当然，讨论只有在学生诚实地说出自己想法的前提下才有效果：如果他们对一个学术大师没留下什么好印象，那他们必须学会证明自己的批评是有理有据的。

另一个培养学生判断力的好办法是让他们阅读还未完成的论文。你可以鼓励他们交换各自的文稿来读，但更有效的方法是读一些学术专家的文章。你可以把自己的论文草稿拿给他们分享，鼓励你的同事也这么做，并与学生讨论你是怎样为发表文章做准备的，你为什么要做这样的准备。如果你投的稿子被编辑退了回来，你又不介意让学生知道这事，那么你可以把编辑对你文章的评语拿给学生看，这对他们来说是无价的经历，可以促进他们发展自己的学术事业，也会对他们学会做同行评价有帮助。

如果你正在评定其他学者的文章（作为期刊稿件，会议发言或者出书的材料），而且你的评定工作允许学生帮忙，那么学生们就有机会亲身感受到同行评价是怎样进行的。当然，这样的做法必须受到保密性方面的道德约束，如果你的评定过程并不是匿名的，你就有必要谨慎为之。但如果你评定的文章是匿名的，那么让学生对其发表意见往往对师生双方都有好处——尤其当文章涉及学生的研究方向时。他们可能会发现，他们比你知道得更多。

有经验的导师容易将学术工作的某些方面，比如同行评价，看做是不学就会的东西。因为同行评价在鉴定文章能否发表、考虑颁发研究津贴和奖项等过程中非常普遍，以至于所有的学术工作者都会参与其中，而且——虽然有时我们会觉得这差事很烦人——我们中的大多数人都会加入到整个过程之中。我们已经习惯把它当作职业生涯中付出和得到的一部分，它涉及的人为判断对促进学科发展和决定学术作品命运所起的作用我们也已经习以为常了。我们常常意识不到，起步阶段的学生很少会认识到我们已经习以为常的这些事实。我们有时会惊讶地发现，即使在为毕业班学生开设的课堂上，学生也会非常乐意就同行评价及其意义开展讨论——具体地来说，它会怎样影响他们的学术研究，更宽泛的问题是，它在整个学术决策过程里占什么样的地位。

学生通过讨论可以进一步了解一系列具体的、影响几乎所有决策过程的问题。比如期刊编辑采用什么样的评判标准，这可以成为一次研讨会的主题。讨论小组可以从此了解到一系列被普遍采用的标准。商业出版机构会关心：材料组织得是否清晰？是否是对现存文献的重要补充？读者群是谁？涉及的问题足够全面综合吗？研究委员会则会问这些问题：是否在理论或方法论上有所突破？研究及时吗？具有原创性吗？与该领域之前的研究有何关系？是否为学科发展做出了重大贡献？是否会对某些政策产生影响？与当前相关研究的侧重点是否一致？研究具有可行性吗？研究方法合适吗？研究的时间安排具有现实性吗？期刊编辑想要知道的是：是否对研究方法作了足够详尽的描述？研究符合道德准则吗？使用相关方法进行的分析是否正确？对问题的讨论清楚吗？是否足够明显地体现了对相关文献的熟悉程度？让学生了解一些政策框架对研究产生的局限和机会也不无益处，比如技术前瞻行动联盟和来自欧盟的各项规定。这些都是学术社交中非常有意义的几个方面。另外，学生们应该开始能够体会和鉴别评判学术作品的各项标准，以及具体决策所暗示的具体利益考虑和观众考虑。当然了，有一些标准并不与学生的论文研究直接相关，而且到了研究生阶段，学生有权利可以仅仅凭好奇心而开展某项研究。然而他们有必要开始用一些统一的框架性标准来看待自己和别人的研究。

不管学生有多大的自由可以去进行那些完全无实际意义的研究，他们都必须了解一个事实，那就是他们的研究工作最终必须接受评估。所以，他们当然应该好好想想，他们的项目怎么样，他们将来的论文鉴定又会进行得怎么样。导师可以向学生们介绍校外评审人在鉴定论文时一般会采取的标准。各个学校的评判标准都各有不同，导师应该客观公正地介绍本校及其他学校的标准，以帮助学生形成对评估过程的清楚认识。当然，衡量尺度的运用才是最重要的。最关键的一个尺度是对研究生研究原创性的要求。然而对原创性却没有统一的定义。可以在小组研讨会上讨论原创性的不同程度以及它在本学科领域内是如何被定义的,这可以帮助学生明确学术判断的一些基本特征,以及这些特征可能会怎样影响对自己研究的评估。同样的,讨论可发表的作品应该符合那些标准可以帮助学生们评估自己研究的重要程度,并帮助他们做短期到中期的发表计划。对这些以及相关问题的讨论可以帮助学生形成对自己进程和预期的客观看法。如果没有这样的参照标准,学生往往容易不现实地评价他们自己和他们的研究。

如果学生已经开始形成对这些问题的基本认识,那么他们的自信心也就会随之产生。他们开始有能力将自己的研究与同辈的研究及更为资深的学者的研究做比较。这有助于他们在整个学术研究的框架内定位自己的研究。带着批判的眼光和实际功用的考虑去评判别人的研究也有助于他们更好地认识自己研究的价值所在。他们掌握了这一系列的分析工具之后,就能把他们自己对学科发展所作的贡献放到整个学术传统里去看,就能够将自己的研究与学科领域内别人的研究有意义地联系起来。他们于是不会再做过于宏大的计划,也不会再将评估要求想象得过于苛刻。如果他们能够对这些问题做深入的思考,他们也就能开始认识到学术判断的一些微妙之处。他们一旦认识到对于类似"原创性"这样的问题并不存在绝对的标准,其形式也并不受限于一个统一的描述,那么他们就能开始凭着经验和自信心去"感觉"自己和他人的研究。

学术文化中的一些微妙之处非常难以描述。我们的目标是帮助研究生内化技术和标准,成为"有思考能力的执行者",进而判断和评估自己正在进行的研究工作。就形式上的明确规定展开讨论至少能够为掌握和运用更为个人的、软性的知识提供一个框架。只有在这个框架的基础上,学生们才能够学着去识别那些校外评审人所重视的无形特质。(校外评审人)导师和学生通过共同阅读别人的论文,共同讨论正式的和非正式的要求,就会对优秀论文的整体风格和"形态"产生一种共识。就具体学科来说,他们会知道,怎样安排数据、结论、分析和解释才是平衡的;怎样才能将文献参考融入到对自己研究的讨论之中;怎样讨论和发展理论思想;怎样将论文写得有条有理、前后连贯;怎样才能表现出学术写作规定的特有风格。他们于是就能够掌握——其实在直觉层面上他们认识到的和经验较他们丰富的学者一样多——成为杰出的、自信的学者所需要的研究素质。

另一个培养判断力的途径是阅读研究生论文:除了当地图书馆收藏的论文外,学生也有必要阅读馆际互借资源库中其他学校学生的论文——这其中或许包括你或你的同事曾作为校外评审人审阅过的论文,以及可能负责审阅你学生论文的校外评审人指导出来的论文。学生可以有针对性地阅读由这些论文编成的著作,看看它们有什么不同,以及论文是怎样以这些不同的出版物为目的、用不同的方式写成的。当然,阅读必须伴随着具体的讨论才会有效。

如果你的学生还负责本科生的教学工作,尤其是当他们参与改作业或阅卷时,他们的鉴别力和判断力也因此得到提高。他们如果能够从基本平庸的作业中挑出一流的作业,并就本科生的作业提供一些富有建设性的反馈,那么他们也就具备了鉴别自己论文优劣的能力,也能更好地回应你对他们论文的反馈意见。如果学生教的是实验室课程,那么通过与其他更有经验的老师进行切磋,他们也能对自己研究过程中的实验工作形成更为清晰的认识。

到了学生论文的最后成型阶段,他们的注意力不应该放在繁琐的细节上,而应该关注整体,因而在这个阶段,掌握和运用学术判断力显得更为必要和紧迫。学生们往往看不到全局。他们往往会全身心地投入对细节的改进,无法把注意力从中抽离出来,去关注更为重要的方面。

导师的任务往往不是解决细节上的问题,而是帮助学生科学、合理地考察整个研究项目。其中一大部分工作是关于怎样形成对研究生论文的合理预期。学生们常常会有不切实际的愿望。学术论文常被看成学术工作的代表性"杰作",也就是说,它确认了作者学术上的"大师级"地位。"杰作"这个概念往往会鼓励一种极其浪漫的愿望,并以这种不切实际的愿望的形式对研究生阶段的整个研究过程造成影响。导师有必要将这种浪漫意义上的"杰作"概念从很多学生的脑子里去除掉,使他们坚定于一种实际的、合理的预期。在很多学科领域,研究生论文所暗示的高标准已经发展到了一种极为严重的程度,以至于有经验的导师都会对自己的学生抱不切实际的预期,这种预期又会通过他们的学生而延续下去。然而最近几年出现了一个好的趋势,大家的目标趋于现实。在资金和毕业率方面由于受到外界的压力——这种压力本身并不是什么好事——促使个人和学校对什么是实际的目标做了重估。学生和导师必须经常问问自己：在规定时间内能够现实地完成哪些事？他们必须时时牢记，论文本身并不是研究项目的绝对终点，也不是学生学术事业的终结。论文只是研究工作的诸多成果之一。根据学科领域的不同，一个研究项目可能会孕育出一部学术著作，或若干篇期刊文章，它也可能会为今后的研究奠定基础，为后一阶段的研究争取到外界资助等等。如果师生双方都把论文写作这一个方面当做所有工作的终极目标，那么他们对学术进步和成就所涉及的其他综合性问题就会视而不见了。

看不到总体目标在研究过程的任一阶段都有可能发生，然而最容易导致这种状况的阶段是分析实地考察得到的数据时。许多做实践项目的学生在面对自己的数据时都会丧失信心。学生不是害怕面对这些数据，就是完全"沉溺"于分析的技术层面，而丧失了对研究进度的整体把握。在这儿我们关心的是，导师怎样才能使学生自信地运用各种分析技巧，同时又避免他们沉溺其中。许多有经验的导师都会对一个现象非常熟悉，那就是学生往往会收集"过多"的信息。这并不是一个大问题——如果我们认识到论文只是研究成果之一，写论文用不上的数据在将来做研究和发表文章时也可以用。全日制学生在开始研究阶段所进行的考察工作为整个学术事业提供了一个难得的机会，学生们可以趁此机会不受干扰地从事研究，收集许多可以为今后的研究工作服务的资料。然而另一方面，过于热心于细节工作也会成为一种时间和精力的浪费。案例7.1提供了一个社会学方面的例子。

案例7.1　对某些问题过于强调

克劳维斯·霍登（Clovis Hobden）正在做一项关于因特网上英国足球迷的调查。他研究的意图是要比较由三个"新教"俱乐部支持者组成的三个聊天室。这三个"新教"俱乐部是：Rangers, Hearts和Dundee。克劳维斯自己是格拉斯哥凯尔特人俱乐部的狂热球迷，所以在采访过程中他往往会陷入与他采访对象的争执之中。他发现在聊天室中有一种恶性的反天主教和乌尔斯特联盟情绪，于是他一直在写一些冗长晦涩的文章讨论网上调查的道德问题。数据的分析和论文的写作都因此被推迟了。

这种时间和精力的浪费是缺乏判断力的体现。导师在这里的主要职责是帮助学生认识到收集信息的整体目的。学生们常常会发现,他们很有可能与克劳维斯犯同样的错误。接受英国教育协会调查的一些学生描述了他们遇到的问题:

"数据采集了百分之四十,我就不知道该怎么处理它们了。它们包括两组彼此差别极大的采访记录,两份书面问卷。要处理的东西太多了。我需要学习新的分析方法,并同时将每一项工作看成整体研究的一部分。"

——吉拉德·维德(Gerald Wade)

"对我的研究起关键作用的一个问题就是要用电脑来处理数据。我在开始做研究时还没有任何使用电脑的经验……努力学习了六个月,我现在已经可以比较自信地使用电脑了。"

——比尔·埃夫斯莱(Bill Eversleigh)

"我试图用要素分析来处理数据——我在这方面花了很长时间,但什么进展也没有,它好像反而让问题变得更加复杂了。我应该早一点发现这种情况。真是可惜,如果有不同的指导,我或许可以在这种分析方法上有所突破的,但最后我不得不将它放弃了。"

——阿达·梅森(Ada Mason)

"我经过了两年的时间收集了很多数据,包括课堂观察、教师报告、案例研究笔记和录音记录。这些数据怎么处理成了一个大问题。"

——劳伦斯·瑞丁(Lawrence Redding)

"我遇到的最大问题是统计知识的缺乏。我从未有过这方面的学习,而且在通过普通程度考试后就再没学过数学,所以我真的不知道该怎么办。这个问题由于我的第二个导师而得到了解决。他是理工科专业的,他帮助我掌握了 SPSS 的使用,还帮我克服了使用电脑初期遇到的困难。我自己也不断学习,终于掌握了研究所需的知识。然而随之而来的第二个问题出现了。我在写关于统计结果的那个论文章节时,总是担心术语使用得不正确。我的两个导师都向我指出了有哪些参考文献可读,我这才通过阅读文献解除了担忧。"

——尼克·巴克雷(Nick Buckley)

导师可以通过多种办法在事先为学生的分析工作提供一个框架结构,以防止数据处理发生问题。首先,导师必须非常坦诚地承认自己的不足之处。分析技术的发展速度之快使导师无法走在技术最前沿,尤其是一些人文学科和社会科学的统计软件。如果导师在这方面知道得不够多,那么就应该为学生寻求其他专家的帮助:比如请教同事、参加暑期班或特别培训课程。我们采访的学生常常会诉说这样的情况:导师在自己的领域内已经落后了,但出于不安全感、嫉妒心,或对学术发展的无知,导师不愿意或看不到自己的能力不足,学生因此无法在分析技术、理论思想和学术发展方面得到真正的专业指导。

案例7.2 落伍了的导师

米琳达·克莱弗雷(Mirinda Clively)在2003年来到我们授课的一个暑期学校。她在小组讨论时陈述了自己的研究,我们发现她在做的项目即使是在1983年也算是过时的了。她用录音机录下治疗谈话,然后用巴西勒·伯恩斯坦(Basil Bernstein)在20世纪70年代的思想去分析它们。这并不是因为她有意识地决定使用30年前的理论,而是因为她根本就不知道伯恩斯坦的思想自20世纪70年代起已经有了很大的发展和改变。在暑期学校结束后,米琳达给我们写了一封信,在信中她写道,在她询问导师为什么要让她使用如此古老的学术资料时,她发现她的导师根本没有读过伯恩斯坦在20世纪80年代和90年代的著作,至于学术圈在伯恩斯坦逝世后对其作的任何褒贬评价,她的导师也一无所知。

其次,导师应该让学生关注全局,也就是论文的整体,防止他们陷入分析的细节中去。

第三点,导师可以与学生一起进行数据分析,这样导师就可以掌握关于分析技巧、学生能力和技术难关的第一手资料。

我们在这一章要讨论的最后一个问题涉及"终极"判断:怎样识别研究生质量。

识别研究生的质量

我们在对学术社交的调查过程中就一系列的问题采访了许多有经

验的博士生导师,我们调查的其中一个问题就是导师作为校外评审人审阅研究生论文的经历。他们的回答非常有价值,可以说明我们在这一章提出的许多问题。同时值得指出的是,即使在这些资深导师中,个人经历的差别也非常之大。其中一些已经积累了许多相关经验,而其他人在他们的职业生涯中评定过的论文却少之又少。这种差别背后无疑存在着一系列因素,包括导师专业领域的性质以及各领域中学术网络的特点。所以如果我们认为,各个学术领域都存在着一大批有经验的评审人,能够对学生的论文质量做自信的、准确的判断,这种认为显然是不对的。这些导师的回答体现了他们对研究生论文鉴定评价的一系列不同看法。

他们回答的相同点是:他们认为成功的研究生论文是对相关学科"作出了贡献"的。这种概括的描述在我们的采访数据中一再出现,虽然具体说法略有不同。至于怎样描述"贡献"以及怎样的论文才是"出色的作品",导师们的回答也存在着一定的共识。佩吉特(Paget)教授(城市规划专业)有很多经验,他的考察标准包括选题、调查范围和论文质量。

> "有很多东西需要考察。我觉得内容很重要。论文必须包含很多有用的重要的信息。我并不是说写得越厚越好。我看过整整八百页分两册的论文,坦白地说,那简直是一场噩梦。所以选题非常关键。对论题的处理——了解参考文献、认识研究方法的局限性和优点、运用普遍的研究法则……我读过的最出色的论文是这样的:陈述很完美、辩论有说服力、研究做得很充分、对相关文献的评论有针对性、理论上方法上掌握得都很出色——核心的一点是,我觉得文章写得很诚实。"

以上的陈述向我们提供了一篇优秀论文应该具备的品质,它体现了学生在诸多方面的能力。正如伍德洛斯(Woodrose)教授所说,"贡献"来源于学生对文献的深刻掌握、充分的研究方法和出版的潜力:

> "判断涉及一些最基本的要求。参照这些基本要求,我认为对文献的深入了解,选择运用研究方法的充足理由和充分自信,以及论文中任何一个能使我说'这是对知识的更新'的方面,都是必要

的。如果我的要求再提高一点，那么我希望看到能够发表或出书的论文。我希望看到原创性———一种真正意义上的贡献。这种原创性与调查范围有关，调查对象不同会产生新的效果——对一个新的国家或一个新的部门采取一组研究方法，或以一种与众不同的方式来应用研究方法。"

我们采访的一些学者将达到研究"目的"设定为论文成功的标准。比如伯德兰德(Portland)教授(城市研究)：

"清晰地阐述研究目的、认真设计研究项目、好的文献综述——要组织好，不能漫无目的地谈——思想要准确、理论运用要有力度、选择合适的命题进行论证……处理数据的能力。出色的写作风格和好的结论。"

然而在很多情况下，仅仅达到研究目的是不够的。佩斯韦克(Pethwick)教授(政治学家)告诉我们：

"说到底，学生是否达到了他们设定的研究目标，研究是否在运用数据资料和论文写作方面达到了足够的原创性，这些都不足以构成衡量一篇出色论文的全部指标。"

很多其他导师也强调了这种观点，即仅仅符合要求是不够的。"作贡献"意味着不仅仅要满足形式上的、机械性的要求。其他还有一些东西，正如瑞吉韦(Ridgeway)教授所说，那些其他的东西是真正"吸引你的东西"：

"我想要的是原创的、激动人心的东西，但同时又具有批判性……一篇论文不需要惊天动地，但却应该有一种在理论上让人激动、让人耳目一新的东西……我觉得原创性真的非常关键。还有，要能够使人兴奋，要能吸引你。它不只是一篇合格的有用的文章，在它背后必须有一种东西，让你感受到它的作者是全身心地投入其中的。"

显然，"原创性"是评价一篇论文是否超出了基本要求，开始"吸引你"的关键词：

"前后连贯的论述很重要。我会留意，学生在开始写论文时想要说明什么，它在论文里究竟有没有被说明。我希望看到足够充分的实际考察资料与论点相关,并支持论点。我还想看到一点原创的火花,使得整篇论文不只是把文献综述和考察数据拼凑起来这么简单——不是那种绞尽脑汁想出来的新东西,而是学生原创性思想的一点证据。我还会重视的一个方面是:比如一篇八万字的论文——我喜欢简短,不,我想简洁更合适一些——它不应该包括没有必要包括的内容。"

——罗兰德森(Rowlandson)博士(地理学)

"首先我要找的是原创性——它是一篇合格的思想陈述清晰的论文,还是真正意义上的对原有知识的补充和更新?而在原创性的背后是学生积极的态度——独立地进行研究,独立地证明自己的观点——我也就能够判断,学生的论点在理论和实践中是否成立。"

——萨凡内克(Savanake)博士(城市规划)

我们采访的另外一些学者则认为,论文应该有条理,论述应该前后连贯,自成风格,另外还应该对理论展开论证:

"分析的理论框架是怎样被利用的,学生是用理论框架来证明他们自己的论文主题,还是用论文所考察的内容来证明理论框架的合理性?如果我在论文中发现对理论的证明和发展,我会觉得这很好……我会很高兴发现学生这么做。"

——柏林格(Borringer)教授(城市研究)

另外,导师还希望学生在论文里体现他们对研究局限性的认识。在这方面,在自信的同时还应该具有适当程度的谨慎态度:

"我想我越来越多地想要看到的是学术上的谦虚精神,学生在评价自己的研究对相关领域的贡献时应该抱着一种谦逊的态度。学生应该认识到,用社会学学科来理解任何事都是不具确定性的,因而他们做的论断应该是试探性的,还应该明确指出有其他可能的结论存在,并承认数据的薄弱点——这些做法是最能给我留下深刻印象的……我还会比较注重写作、陈述和论证的连贯……与现存理论体系的联系。"

——亨廷福里斯特(Huntingforest)博士(地质学)

"我觉得研究生论文是诸多能力的综合。你必须将你的研究能力与分析能力结合起来,在实际写作过程中又需要一系列纯粹的执行能力,要确保参考文献是正确的,各部分的小标题是合适的——将论文实际建构起来:……批判的角度;……深入性……连贯性——像构图一样——一个贯穿全文的系统步骤。"

——韦舍特(Wishart)博士(发展研究)

"我想首先是连贯性……有没有一个明确的论题,一个被定义了的问题,他们有没有把这个问题分割成一组假设,这些假设是否可以被证明?他们有没有将论题与相关领域的文献联系起来……还有就是实地考察……他们做了实地考察吗?他们按计划实施了考察方法吗?他们有没有能力解决考察中难以避免的一些突发问题?他们有没有清晰的展示数据,有没有将数据与假设联系起来?"

——温亚德(Wynyard)博士(发展研究)

"在一篇研究生论文里你想要看到的是在思想、方法和概念上对现有文献的进一步发展,论文应该把导师和评审人带入一片激动人心的新天地,一片学生在其中如鱼得水的新天地。就是这样……如果它能让我全身心地去读的话。另外,如果它还包括了对过去文献——理论上的和内容上的——很好的总结,做了出色的实地考察来证明理论,写得很好,组织得也很好——那么这在我看来就是一篇完美的研究生论文。"

——谢林(Sherring)教授(生物化学)

姆林斯和凯利(Mullins and Kiley,2002)总结了他们过去对评审人如何鉴定研究生论文的调查,还就传统研究生论文的评估方式采访了30名澳大利亚的资深评审人。这些受采访者的回答与我们在这里列出的陈述非常相似。

本章讨论了指导研究生的核心问题:如何帮助学生成为有良好判断力的学者。我们接下来将讨论其他一些问题:写作、评审和事业发展。如果导师已经培养出了有判断力的学生,这些问题就能较为轻松地得到解决。

8 为学生提供实用的论文写作建议

"写作一篇好的散文的过程是激动人心的,不是吗?"

"对极了。至少当你做对了一件事,并坚信其正确时,会有这样的兴奋。写作的感觉妙极了,就像工作了六天的上帝在第七天心满意足地欣赏自己的成果一样——至少有点儿觉得是这样吧!"

(Sayers, 1972:171)

引　言

我们已经说过让学生在入学之初就动笔的必要性,要让他们"早写勤写"。学生对写作的态度是可以改变的,学生的写作技巧也可以提高。正如案例中提到的,有时候问题是作者的写作障碍或者是不愿意或没能力起草论文。有时,更多的问题是结构和体裁方面的。第7章中一些有经验的学者谈到了他们作为校外评审人使用的标准。我们从中可以看出有能力将材料组织成一篇连贯性的文章是论文成功的关键。绝大多数毕业生都需要论文写作指导。其实,不仅学生需要指导,老师也能从对自己文章的批判和思考中获益,所以本章讨论的内容既适用于学生,也适用于老师。

本章的重点是指导研究类的学生写作,综合了数据分析、课程指导和对社会科学与自然科学学术写作性质的思考。首先,让我们听听一位地理学女博士尤尼斯·莱斯特在被问到写论文时如何回答:"这是一个充满坎坷的孤单旅程。有时我一看到自己写的东西就觉得恶心。我再也不想写论文了。"

另外两个接受英国教育协会调查的人也表达了同种看法:

> "最大的问题在于适应'学术'写作风格。这个'项目'的性质能让我和项目主持人(我的导师)每天在一起工作和写作。与我们一起的还有另一个同事。这样的合作是十分有价值的。我想,要不是这样,我肯定会遇到几乎是不可逾越的困难。"
>
> ——艾米利·特福西斯(Emily Trefusis)

> "我认为最关键的问题在于真正开始动笔。不断地收集资料、做笔记、分类、存档、阅读笔记、再读一遍,这些都相对更容易——但就是不会着手把材料组织成一篇有条理的文章。我的女儿和女婿就是这样。他们开始做论文的时候研究项目没完成,就已经准备了一堆材料和笔记,但自己写的东西却只有薄薄几页而已。在这方面我觉得自己很幸运,刚读了几个月书,导师就坚决要求我交文章,不管我是否准备好。我只能开始写了。虽然写出的东西最后证明用处不大,但不要紧,重要的是我克服了开始写作这个最大的心理障碍。以后的日子里,我继续按照导师的建议,做研究的时候同时写论文,即使这意味着早期的文章有一部分要重写。
>
> 我的论文已经完成了,但至少还有两个问题没有解决,并且越来越严重。一个是很难找个安静的时间写作,另一个是越来越不倾向于交流,尤其是离开大学之后。读些期刊可能一定程度上能解决这个问题。也许以后会参加一些本领域的会议和加入研讨小组。"
>
> ——玛丽·皮尔森(Mary Pearson)

这些问题并不新鲜。多萝西·史密斯(Dorothy Smith,1994:50)20世纪60年代在伯克利攻读社会学博士的时候,写论文的经历就十分痛苦:"如同梦魇,你不知道为谁而写,不知道你要写什么……不知道怎样写才合适、准确、符合学术标准……只能一次次地重写……"

奥德特·帕里采访的很多研究生都面临这样的问题。不仅如此,接受采访的导师也都认为学生论文的成败在整个指导过程中的中心地位。被采访者中有一位很著名的导师,他甚至承认经常想代替学生起草研究论文。来自赫恩切斯特的一位社会科学家布莱德教授认为,这位导师干预过多了。他告诉我们:

> "我本人也非常急切地想替学生或者和学生一起写论文。看到他们怎么都做不好我觉得难以忍受……我也想密切参与到写作进

程中……但这样一来写出来的东西就成了我的博士论文而不是他们的,这对他们是不公平的。要是他们在电脑前工作,而你却坐在旁边,情况就更糟了。"

布兰德教授的话提出了这样一个问题:导师在论文写作中究竟应该担任什么角色?这是多数导师都需要解决的问题。拉奇顿大学的社会科学家伍德洛斯教授说:"催促是没有用的,不管是平时的论文、文献综述,还是用于升级评审的论文。"戈辛翰的哥德利(Godlee)博士有力地指出了导师在论文写作中的作用:

> "学生交给你的初稿里可能有很多值得关注的观点,但是这些观点没有很好地组织在一起。我指导过的很多学生都很难做到使论文有一条贯穿始终的主线。我的任务就是同学生讨论以另一种方式组织现有材料,然后指导学生把想法用文字展现出来。"

我们采访过的有经验的导师都是在早期就解决写作问题。正如捷尔夫博士所说:"我让学生一开始就动笔,并且十分坚持。这是十分重要的。他们不开始动笔,一半的问题都解决不了。"

大卫·皮尔森(David Pearson,2002)的受访者——奥尔布里克(Olbrick)教授对他说,不是所有的导师都期待早期写成的文章会用作论文:

> "在博士生一年级的时候,重点应该是大量阅读、广泛阅读,而不是写作。因为第一年写的任何东西,几年后看来不过是未成熟的天真的想法,或者干脆与主题毫不相干。所以,保持写一点东西避免手生就够了。我认为你们有必要这样做,每月都写点儿东西,但不一定都与论文题目直接相关。现在有了研究水平测试,他们可以在期刊上发表文章,这是件好事情。"

本章的目的就是帮助像尤妮斯·莱斯特这样的学生,给他们提供一些策略:如何避免布兰德教书所说的论文由导师代写的情况以及实现哥德里博士和杰尔夫博士的目标。我们就此提出了一些具体建议,然后再反过来考虑论文指导有哪些可能的方式。

实用的建议

哈里·沃尔科特(Harry Wolcott,1990)建议在研究项目一开始就为最终文本制订计划。这对研究生来说是条很好的建议。所以,项目初期,我们建议学生采取步骤1。

步骤1:制订计划

首先,确定文章分为几部分和每部分的字数,并制定一份时间表。比如:

引言	5 000 字	2004.05—2004.07
文献综述	5 000 字	2004.08—2004.10
研究方法	6 000 字	2004.11—2005.01

论文的其他部分也可以按类似方法安排。我们这里假定的例子序言部分是最后完成的。

一旦计划做好并且导师也通过了,就可以把它钉在书桌上或者做成进度跟踪表的形式,如表 8.1 所示:

表 8.1 进度跟踪表

章节	初稿	二稿	三稿
引言			
第一部分 500	x		
第二部分 1 000	x		
第三部分 500	x	x	
第四部分 100	x		
第五部分 2 000	x	x	x
文献综述			
引言 500	x	x	x
1970 年之前的材料			
主要心理学研究			
关键研究评价			
研究方法			
试验研究	x		
问卷设计			
回收率			
分析策略			
其他			

鼓励学生把任务分成很细的步骤,并且把进度标注下来是很有用的。每完成一项任务就打一个叉号,学生们可以清楚地看到自己的进步。当然,只说不做是一点用都没有的。可以在适当的时候给自己一些奖励。比如近来每一项任务都按时完成了,可以奖励自己休息一个晚

上,同时也要采取一些保护措施,比如把已经写好的文章备份等等。进度表的内容和形式都必须精确,这样才能显示充足的信息,并且激励学生,导师可以予以一定指导,制定出行之有效的进度表。最好是为整篇论文制订一个总计划,然后每一个章节又有更具体的计划,这样每一点进步都可以记录下来,虽然从总体上看只是前进了一小步。让学生尽早制订论文计划、时间表和进度跟踪表是促使学生尽早动笔的第一步。这不但告诉学生,写论文是必须要做的、无法逃避的任务,而且鼓励学生从第一天就开始动笔。

步骤2:两条黄金原则

有两条原则十分重要,它们是:(1) 尽早写,经常写;(2) 不用考虑是否正确,将思考化作文字。学生可能不理解这两条原则的重要性,或者他们为什么要这样做。可以这样向他们解释。重视这两条原则。

"尽早写,经常写"的意义在于:

1. 写得越多,写作就越容易。
2. 每天都写,日久就成为习惯。
3. 积少成多。将文章分成小块,关于 X 写 100 字,关于 Y 写 200 字,收集在一起,就有很多材料了。
4. 越迟动笔,写起来越难。

"不用考虑是否正确,将思考化作文字"的意义在于:

1. 只有写出来,才能有人帮你改正。打个初稿,给别人看看,然后修改。
2. 打初稿是理清思路的重要一步(参见 Torrance and Thomas,1994)。
3. 从最成熟的思想写起。不要一开始就写引言,可以从第 4 章写起,也可以先写附录、结论或者方法。写这些内容时,其他思想也会随之明朗起来。
4. 只有通过打初稿才会暴露出一些其实不是"真知"的地方。

在我们为这本书的新版搜集材料时,《卫报》(*The Guardian*)转载了《纽约时报》(*New York Times*)上沃尔特·莫斯利(Walter Mosley,2000)写的一篇关于写作的文章。他也是系列侦探小说的作者,所写故事发生在第二次世界大战后的洛杉矶。莫斯利是这样谈写作的："要想成为一名作家，就必须坚持每天写作，就像不会忘记为孩子准备早餐，或是每天早上都要醒来一样。每天都会睡觉，灵感也每天都会涌来。"他在文中还把写小说比作"收集烟雾"和"打游击战"，因为作家"没有假期"。学术写作比写小说要容易一点，因为我们有数据可以分析，不会像"收集烟雾"那样困难。但是，"打游击战"的说法和我们要经常动笔写作，就像睡觉吃饭一样有规律的做法，对写小说和学术写作来说，是同样适用的。

步骤 3：文件备份

学生可能从来没想过文件会丢失、被盗或损坏。一定要对学生强调给文章多做几份备份。这不是杞人忧天。硬盘损坏，软盘丢失，手提电脑的资料被机场 X 射线摧毁的事件经常发生。备份文件同坚持写作同样重要。把文件放在安全的地方，家里保留一份硬拷贝，将磁盘放在窃贼找不到的地方等等。学生应将所有重要文章备份，并保留影印版。

使这一点得到贯彻执行的最好方法是悄悄拿走一个学生的文章。要是觉得下不了手，也可以讲一个故事达到目的，比如：

1. 连续剧《黑爵士》(*Blackadder*)有一集，约翰逊博士的字典和黑爵士的小说都被博尔德里克(Baldrick)毁了。可以给学生放映这一集。

2. 讲一个你所在领域"最好的手稿"丢失的故事。历史上，卡莱尔(Carlyle)的女仆把吉本(Gibbon)的《衰亡和败落》(*Decline and Fall*)手稿点火用了；社会科学领域，弗朗兹·斯坦纳(Franz Steiner)把唯一的一份《禁忌》(*Taboo*)手稿遗忘在地铁上。

3. 讲述一个自己丢失手稿或磁盘的故事。

4. 讲一个研究生或者以前带过的学生丢论文的故事。以下是三个真实的故事，我们用了匿名。

案例 8.1　意 外 损 毁

大卫·米德尔顿-布朗(David Middleton-Brown)的论文还有几个月就可以完成了。他的导师达维尔特(Daviot)恰巧要去芬兰的一所大学执教一学期。大卫给了导师一份有论文初稿的软盘。灾难接下来就发生了。大卫的硬盘损坏了，达维尔特教授的行李在路上丢了。七章的心血化为乌有。大卫没有备份的软盘或硬盘拷贝文件。尽管他还有一些论文的早期版本，但近两三个月的心血算是白费了。大卫本来可以花一点钱买一盒软盘，只用半小时的时间，在自己公寓、达维尔特的办公室或是家里各保留一份备份，就可以避免这场灾难。

案例8.2　电脑失窃

梅格·拉米利(Meg Larminie)的研究项目用的是一台特别昂贵的电脑，可以处理数据影像。她做的是假日录像的肖像研究(iconography of holiday videos)。一个小偷从大学里盗走了她的电脑，自然所有的数据和分析结果也随之而去。

案例8.3　失而复得的"奇迹"

尤斯塔斯·派德勒(Eustace Pedler)本来要成为一名天主教牧师，但是他觉得自己没有使命感，所以选择了读博。但是，他仍然领受圣餐，因此在大学的天主教会中很有名。一天他把已经快完成的论文遗忘在郊区的电话亭。要知道，那个时候还没有电脑，所有的文字都是打字机一个字母一个字母地打在纸上的。论文放在文件夹里，没有名字和地址，但有大学天主教会的电话。后来进电话亭打电话的人拨打了教会的号码，告诉牧师他找到了"看起来似乎很重要的东西"，牧师马上骑摩托车去电话亭取回论文，并还给了尤斯塔斯。

上帝显然原谅了尤斯塔斯不去做一名牧师，但是作为学生，总不能老指望上帝、仁慈心善的人或是有摩托车的牧师吧。

一旦你让学生建立起了一入学就开始写作并持之以恒的意识，又让他们建立起给文件备份，并安全保存的习惯，你就已经给学生提供了很大的帮助。当然，还有其他的方法也能鼓励学生将论文写作视为研究生阶段不可分割的一部分，甚至乐在其中。当保罗和萨拉还是研究生的时候，莱姆·哈德森(Liam Hudson)就提供了一套指导原则，结合我们自己的经验，我们一直用其指导学生(详见表8.2)：

表 8.2 论文写作的一些实际建议

论文写作不是件容易的事。没有一定能让学生写出好论文的灵丹妙药,但是,的确有一些规则可循:

1. 给自己时间。没人能够事先确定分析、写作和检查到底会花多少时间。
2. 给自己设定最后期限,并努力在此之前完成任务(记得备份文件,以免最后成果毁于一旦)。
3. 要使文章结构完整,有很多种模式,例如假设演绎(hypothetico-deductive)(理论、猜想、证明)、仪式结构(引言、文献综述、研究方法、结果、讨论)以及自传体叙述式(auto-biographic narrative)等等。根据自己的喜好,选择哪一种都可以,只是要尽量做到自然、不生硬。
4. 在页面中间或(和)旁边使用副标题,既有利于组织行文结构,又可以提示读者本部分的内容和将要读到的东西。
5. 研究方法:用最简单的语言表达所做的事情。尽量少谈方法论和你对各种可能的方法的意见。不一定要面面俱到地讲述你做的每件事。
6. 避免陈词滥调。"这种情况"、"此时此刻"、"在这方面"等所有在电视上经常听到的词都要避免使用。
7. 将最重要的结论放在突出位置。
8. 不要整篇文章都是术语。将术语放在附录里。
9. 做好处理数据的准备。原始数据放在最后,紧接参考书目。可能要经过几星期的反复试验才能找到正确的分析总结数据的方法。
10. 表格要有意义,一目了然。不要让读者读了文本之后才能看懂表格的含义。
11. 不要在参考书目中列没有读过的书滥竽充数。
12. 惜字如金,最简单的形式就是最好的。段落和章节方面,力求过渡平稳。
13. 多数评审人不喜欢第一人称单数,尽量少用"我"。
14. 不要绕弯子说话。例如:"我们将会看到上述表格并不是没有意义的……"
15. 反复推敲每一个术语。你经常会发现有些术语使用的过于草率。同时也要记住,教育科学是跨学科的科学。要使任何受过教育的人都能看懂你的文章,不论他是否具备专业知识。
16. 校对工作也十分重要。最好把文章对同伴大声朗读,检查包括标点在内的所有错误。

这些建议对所有学科的论文都适用。尽管有导师和黄金原则的指导,许多研究生还是需要一些帮助才能达到专业写作水平。导师可以告诉学生可以从哪里获得帮助,并让学生意识到,写作技能是可以通过学习提高的,不是只有少数人才具备的天赋。有的学生读关于写作的书,获益良多,我们稍后会有论述。还有的学生参加了一些实践活动,参加学院论坛和写作小组。导师最重要的作用就是让学生知道如何寻求帮助,并付之行动。

打破神话

也许导师能给学生最大的帮助就是让学生不再认为写作是一个独立于研究和教学之外的孤立的过程,写作不可以也不应该搁置到最后再完成。要是认为写作就是作者一个人孤零零地坐在那里,绞尽脑汁搜寻灵感和表达,就根本不可能写出好文章。我们已经强调过,写作不是什么特别的经历,不是天赋。尽管有些人看起来比别人做得容易些,但是也没有人能够信手拈来。所有的作者都要付出努力才能写出好作品。书、论文、发表在期刊上的文章,所有的学术成果都不是说写就能写出来的。要让学生认识到,写作不仅是学术生涯的一部分,而且是重要的一部分。要是以前认为写论文是可以等其他事情都忙完或是在最后一刻才开始做的事情,现在就必须摒弃这种想法。

确实,从优秀的本科生过渡到研究生不是一件容易的事。即使是十分优秀的本科生,也会把毕业论文当做小菜一碟。很多文章都是在很短的时间内完成的,有经验的评审人一眼就能看出作者下了多少工夫。带着这样的态度做研究是十分危险的。写一篇研究生论文几乎相当于出一本书,不可能在最后一刻才动笔。很多学生认识到这一点时,就为时已晚了。

如果学生想要养成良好高效的工作习惯,就必须改掉写作方面的不合理期待和行为方式。许多学者认为他们可以创造写作神话,导师本人要经常反思是否不自觉地让学生也养成了这种习惯。资深学者有时会寄希望于在暑假写作。可以理解,他们认为暑假很长,可以集中精力写作而不被其他事情打扰。比如起草下一本书,或是做项目研究报告等等,这完全合乎情理。但是,暑假并没有想象的那么长。暑假开始和结束的时候都要作评估,还有其他的学术任务要完成。假期里,还免不了要走亲访友,进行社交活动。这样,暑假事实上也就十分忙碌了。寄望于暑假写作就像海市蜃楼,而且让学者不能把写作任务融入日常计划中去。另外一种与其相似的不切实际的想法是等"桌子干净了"再写。作者想在手头的紧要任务都完成之后再集中精力写作。但问题在于,书桌永远都不会"干净"的。只有把写作任务融入日常计划,才能真正解决问题。第三种错误的想法是等所有的数据都采集分析完毕再写。我们已经说过,把写作任务留到最后是十分危险的,等于在其他活动都做完后又有了一项新的艰巨的任务。尽管这种方法对有些人适用,对大多数人还是行不通的。想要创造上述三种神话的人,无疑是把写作视为独立的、特殊的活动,必须排除在日常计划之外,需要特别时间和精力才能完成。但是,暑期短促,其他任务总是接踵而至,数据也似乎没有采集分析完毕的一天。资深的学者需要审视自己的工作习惯,看看是否把工作建立在无益的假想之上了,并注意是否在不经意间把这种习惯传染给了学生。

　　明智的人从来不指望有一段完全自由的时间。即使有完全独立的时间,也不适合用来写论文,而是用来完成或是修改论文。此外,我们也知道,大的写作项目需要在八小时工作时间外再付出时间。当然也没有必要把所有时间都用来写作。保罗·阿特金森的大部分富有成效的工作都是晚上完成的,通常在八点半到十点之间。有的人则早上效率比较高。保罗显然不这样,所以他从来不在早上写作。总之,写作就是合理安排时间和精力,同时,要将其视为可以分割成具体任务的常规工作。

　　鼓励学生制订整篇论文的写作方案,以便合理分配时间、精力和其他资源。有了合理的方案和有规律的工作习惯,写作就成了自然而然的事情。论文计划肯定要写,同时还要写提纲,为全文搭建结构框架。虽然计划和提纲要经过审核,但也不应该成为学生的束缚。只要改动符合情理,学生可以在论文涉及主题范围内自由创作。这也要求学生把任务分割成小单元,分别在不同的小段时间内完成。论文结构和写作计划有利于导师和学生做出这种分割。

　　同样,学生也可以有弹性地执行论文计划,不一定"从头开始",或者把它当做按时间进行的工作计划。从第一页开始写通常不是合理的方式。应该鼓励学生写最想写的部分,因为学生肯定有最有信心写好的部分,想要记下的想法,自己认为有价值的发现或经历。既然这样,为什么不鼓励他们写呢?换句话说,论文结构不是束缚,而是规范整体的框架。

　　因此,指导写作最重要的是帮助学生找到务实的工作方法。我们鼓励学生把写作当成日常学术工作的一部分,同研究活动交织在一起。同样,我们不鼓励学生"干写",对着电脑屏幕和一张白纸,通常只会胡乱拨弄鼠标或是铅笔,一个字都写不出来。要让学生意识到,想好写什么及如何写，再真正动笔是十分有益的。找一句合适的话开头，有说服力的数据、具体案例、吸引人的类比——可以任思绪驰骋，不管是在上下班路上还是洗澡的时候。不用想得十分具体，有个起点就好了。

另外一个错误的想法是等待所有思想都成熟了再动笔。有经验的学者都知道，许多想法是在写作过程中逐渐明朗的。等待所有事情都完全理解和完全计划好再开始写是一种不切实际的行为。要让学生认识到，初稿仅仅是初稿而已。导师要让学生充分信任自己，让学生愿意将初稿与自己分享。学生在写初稿时也应该十分清楚，日后肯定会重写。同时，导师对初稿要提出建设性的意见，不能全盘否定论文，这样会打击学生的信心。正如所有的合作关系一样，导师和学生的关系也是建立在信任和信心的基础上的。

论文在形式、风格、内部结构和字数方面都不像研究报告和期刊文章那样有严格的限制。论文可以更具个性，依据自己的情况设定日程、控制进展。虽然在结构和内容方面也有要求，但同其他学术文章相比，写论文有更大的自主权。学生拥有的不仅是研究和原创性的工作，写出的论文也是"属于"自己的。从这个意义上讲，写论文应该是令人兴奋的事，而不是沉重的负担。

应该提醒许多研究生，阅读是写作的"窃贼"。当然，阅读是必要的，只是阅读时必须"凌驾"于作品之上。过分沉迷于阅读会严重影响写作。阅读是永无止境的，坚持先读再写，论文恐怕永无完成之日了。同样，学生也容易终止中期或者末期的写作，认为自己不读一篇更重要的文章或是更难的书就无法再写下去。其实，阅读和抄笔记根本不能帮你写文章。学生容易把阅读和写作混为一谈。确实，导师需要鼓励学生不再去阅读别人的作品，而是从别人的思想里走出来，开始写自己的东西。

写作助手

除了让学生建立起入学之初就开始定期写作的意识，导师还应该为学生创造学习如何写作及遇到困难如何寻求帮助的氛围。这是研究生必须经历的过程。我们在这里提供一些建议，先给大家介绍一些关于写作的书，然后介绍写作小组、写作"诊所"和如何扫除写作障碍。最后，我们来解决文字处理的问题。

过去十年出版了大量有关学术写作和出版的书,使研究生和年轻学者受益匪浅。我们挑选了四类有关写作的书。第一类是文体指南,帮助人们表述清晰和(或)符合特定期刊的文风。这方面有很多名著,如图拉比亚(Turabian)的《论文写作手册》(*A Manual for Wirters of Theses*)。还有《牛津文体指南》(*The Oxford Guide to Style*)或者《芝加哥文体指南》(*The Chicago Manual of Style*),这些书太厚,也很贵,但在图书馆里一定能找到。布鲁姆斯伯里(Bloomsbury)出版社针对现代学生最常犯的错误出版了一本《简明百科·学生版》(*The Encarta Concise Dictionary Student Edition*),价格便宜,可以建议学生购买。牛津大学出版社也出版了一系列针对常见问题的新书,如艾伦(Allen)的《拼写和标点符号》(*Spelling and Punctuation*)和西里(Seely)的《词语》(*Words*)。每一位学生都会从这些书中受益。这方面还有一本比较早的书,杜梅特(Dummett)的《语法和文体》(*Grammar and Style*)。我们在拓展阅读部分列出了更多书目。

第二类是针对某一学科或是一类相关学科的。社会科学方面有三本书,指导如何确定题目和写作。它们是:贝克(Becker)的《社会科学家的写作》(*Writing for Social Scientists*),很有帮助,也生动有趣;沃尔科特(Wolcott)的《写作定性研究论文》(*Write Up Qualitative Research*),语言要严肃一些;还有理查森(Richardson)的《写作策略》(*Writing Strategies*),说的是面对不同的读者对同一内容的阐述应该采取不同的方法,如写一篇论文和给《卫报》(*Guardian*)写文章是不同的。《写作策略》对于让学生思考面对不同的读者群应该如何展示自己的思想很有帮助。但是,这方面指导理科和人文学科学生的书就没有那么多了。其实这些书对他们也有帮助,甚至能让一个理科学生思考自然科学和其他学科的差别。理科学生可以读以下几本书:戴(Day)的《如何写作和发表科技论文》(*How to Write and Publish a Scientific Paper*),这本书包括所有类型的科学文章。其中有一部分谈到论文写作,以及准备口头和书面的所有形式的公共演讲。皮切尼克和拉姆(Pechenik and Lamb)的《如何写作生物学论文》(*How to Write about Biology*),写得很枯燥,但有很好的有关生物学论文的例子。对人文学科的学生,巴赞(Barzun)的《关于写作、编辑和发表》(*On Writing, Editing and Publishing*)是经典之作。我们在拓展阅读里也列了学科相关书目。

第三类是指导高学位学生论文写作的书,这类书越来越多,比如默里(Murray, 2002)、布劳斯(Brause, 2000)、格拉特霍恩(Glatthorn, 1998)、博克(Bolker, 1998)以及邓拉维(Dunleavy, 2003)。我们的学生发现博克的书在论文指导方面用处最大,但你的学生可能有不同看法。邓拉维的书很枯燥,但语气坚决,有的学生可能会喜欢。布劳斯、博克和格拉特霍恩是美国人,可以作为讨论美国国内的论文有哪些不同于英国的基础,也许对专业博士学位学生更有帮助。

第四大类是关于不同学科的修辞的。保罗·阿特金森(Atkinson, 1990, 1992, 1996)的书值得推荐。拓展阅读里我们也列了相关书目。

这四类书的共同点是都将写作视为一种技能,可以通过有意识的练习培养提高。指导写作的书是无价的资源,学生应该积极主动地去利用,批判性地面对自己的文章,这绝不是什么丢脸的事。要知道,导师本人写起东西来也不容易,每个人都要付出努力,每个人也都需要练习写作才能不断提高。

学生和导师都应该经常阅读指导类书籍,养成使用它们的习惯。但仅这样是不够的。还应该多举办关于写作的论坛。顺便提一句,这也是贝克《社会科学家的写作》一书的价值所在。这本书里就讲了举办此类论坛的经验,对多种学科的学生都有帮助。福克斯(Fox, 1985)以自传的叙述方式,讲述了几个有经验的美国年轻学者,如何通过写作小组成为多产的作家。这种方式有利于在学生中形成你争我赶的良好风气。可以在院系培训项目中设立相关论坛,也可以将学生、研究人员和更有经验的学者聚集在一起,组成写作小组,定期讨论。

但是,小组成员互相信任是很重要的。将自己的文章拿出来接受批判,不管别人态度如何,都是一件很痛苦的事情。一个人的作品就代表其本人,任何反面意见都会对作者造成伤害。各成员必须承诺互相帮助,在小组活动中平等相待,并且相互尊重。有时大家共同写一个题目会带来很好的效果,因为大家专注于同一个任务,所经历的过程和遇到的问题都有共同之处,比单独一个人面对问题要容易多了。

斯布莱德里(Spradley)有两本书《人种志访谈》(*The Ethnographic Interview*)(1979)和《参与观察》(*Participant Observation*)(1980),他把写作

分成如下九步：

斯布莱德里的写作步骤

步骤 1　选择读者
　　　 2　确定主要论点/主题/论题
　　　 3　列出所要讨论话题，制定提纲
　　　 4　分部分写初稿
　　　 5　修改提纲，创建副标题
　　　 6　编辑初稿
　　　 7　写引言和结论
　　　 8　重读文章，确保论据充足。
　　　 9　完成终稿

我们有一个由硕士生和博士生及同事组成的八九个人的写作小组，共同执行斯布莱德里的前期写作步骤，每周上一次课。小组第一次讨论后，一致通过首先完成前两步：选择读者和论点陈述。每个成员关于这两点都写了一两段话，在下一次课前一天上交。我们把它们印出来发给大家一起讨论。这里是本书的两位作者和一位研究型硕士写的内容，他是写作小组的成员。

斯布莱德里步骤1、步骤2的实例

一、萨拉·德拉蒙特：关于中学里性别的一个章节

1. 读者：教育研究人员和一些老师
2. 论题：学生的性别角色是被强加的，而不是在师生互动、课程学习和学校活动中形成的。

二、克里丝·斯蒂文(Chris Stevens)：关于女同性恋的理科硕士经济学论文

1. 读者：校外评审人
2. 论题：展现女同性恋，尤其是身份不为人知的女同性恋，如何处理自己的同性恋身份。具体说来：同性恋身份对她们来说意味着什么，多大程度上影响她们的行为和日常生活以及与同性恋相关的社会领域。思考这些所显示的人们对性和性别的观念。

三、奥德特·帕里：关于自然主义者的理科硕士经济学论文

1. 读者：校外评审人，方便起见，我假设我的读者同导师萨拉的读者基本相似。（因为讲的是自然主义者，我假设读者对这一领域一无所知。）

2. 论题：自然主义者不会因为想要赢得某种社会赞誉而大肆宣扬自己的活动。由于关于自然主义者社团的信息比其他任何社会团体的信息都要少得多，关于自然主义者的评论只能从非自然主义者那里获得，或者是基于他们的想象。本文通过讨论自然主义者关于适当的裸体行为要素的观点，来展现自然主义者在团体环境中的存在方式。

斯布莱德里还认为写作分为不同层次，好的文章应该具备不同层次的论述。我们让自己的学生运用这些层次，虽然这看似好像是给写作强加了一个机械框架，但却对提醒作者专注于读者和体裁十分有益。斯布莱德里在他的《鸡尾酒女招待》(The Cocktail Waitress)(Spradley & Mann, 1975)中举了一些例子。下面的实例来自斯布莱德里和曼，以及卡迪夫项目小组讨论的论文。

斯布莱德里的写作层次实例

层次1　每个社会都根据男性和女性的生理不同创造一种特殊的现实：女性和男性身份。(1975:145)

层次2　跨文化叙述
　　　　例如：在波士顿，五岁儿童的学校有……
　　　　果阿的儿童学校……

层次3　社会和文化团体概述
　　　　例如：威尔士的警察局是这样的地方……

层次4　特定文化事件概述
　　　　例如：果阿的老师承受着巨大压力，当……

层次5　某一文化领域的具体论述
　　　　例如：很多苏丹的医生都需要治疗传染病。包括……

层次6　具体事例
　　　　例如：星期四那天，下着雨，法语课上菲利普小姐正在向我们解释……

克林·里斯(Colin Rees)

1. 普遍性叙述：记录是许多人进行管理共同运用的方法。

2. 跨文化叙述：社会工作者的记录可能比医疗工作者的记录更个性化。病历上的条目看起来就像"任何一个"医生写的。

3. 社会或文化团体概述：儿科的病房常规包括不时地做医疗记录。

4. 特定文化事件概述：巡视病房时要查看记录，通常是临床护士从车里拿出合适的记录本，然后记下咨询医师的"睿智之言"。

5. 虽然临床护士几乎每天都为病人做记录，但其记录内容很少谈到病人。"没有变化"几个字根本无法反映病人的情况，只不过说明了某个护士那天见了病人而已。

6. 我们走到一张幼儿床前，咨询医师问："她怎么了？"临床护士大卫手中已经有了记录，他说："腹泻和呕吐。病历上说她来医院前12小时就已出现症状。"咨询医生自己接过病历看了起来。

萨拉·德拉蒙特

1. 所有人类社会都有性别分工，因此就有了性别角色体系。

2. 尽管很多社团在性别角色上都达成了共识，现代英国在孩子的性别角色社会化上产生了分歧。

3. 学校是性别角色社会化发生的地方，但总体说来是其他活动的副产品。

4. 学生的性别角色模式是被通过学校生活的各个方面加强。

5. 学校在很多方面把男生和女生强行分开。比如，所有的六所学校都将男女分开注册，有独立的盥洗室和更衣室，并教给他们不同种类的运动和游戏。

6. 在迈林科特学校的木工工艺教室（那时是1978年9月4日），新来的学生按名字字母顺序，男孩优先的原则安排位子。比奇先生发现班上有23个人，最后三个女生没有地方坐了。她们就只能在有人没来的情况下坐别人的位子。

卡迪夫的写作小组根据斯布莱德里（Spradley, 1979）建议制定了为期八周的写作计划。

写作"诊所"对研究生很有帮助。参与者会更自觉地进行写作练习和尝试其他写作方法。做好找一个"外部专家"主持这样的诊所，但是本院系的值得信任的成员一样也可以主持。托兰斯和托马斯（Torrance and

Thomas,1994)指出了三种主持"诊所"的方式,都已证明对研究生十分奏效。托兰斯和托马斯认为,研究生阶段,诊所更关注的是文本的创作而非构建文本的策略,并且要允许不同的写作方法。他们还在大量对学术写作的经验研究基础上指出,研究生应该抛弃"先想后写"或"先计划再写初稿"的方法,取而代之的是"通过写初稿理清思路"或是"我写故我思"。

有一份全职工作的非全日制学生会发现很难有时间写作。对这些人来说"少而勤"是一条重要原则:他们需要写下任何能写的东西。尤其对半工半读学生而言,"少而勤"原则同样适用于写论文。如果他们可以把任务分割成小块——这个主题写五百字,那个写一千字,那个写二百字,这样他们可以星期一写二百字,星期二完成五百字中的一半,星期四完成另一半,星期五写一千字等等。要鼓励学生积少成多。

鼓励学生坐火车旅行,每次都给自己布置点任务。要学会在火车上写作,(用手提电脑或录音机),或者在火车开动的时候记笔记,停站的时候写总结。要是学生在火车上刻苦研读,一篇文献综述也能完成。在《教育背景下的实地考察工作》(Fieldwork in Educational Settings)(Delamont,2002)里,萨拉需要彻底研读期刊文献。她是在火车上完成对期刊文献的研读的。学生可以一遍又一遍地阅读所评论的文章,做笔记并从中获得写作灵感。

要是学生本人也授课,最好使论文与其演讲或教学准备挂钩。课总是要上的,这样论文相关的材料也就不得不写了。开一门课同时也迫使讲课人对这门课形成连贯的教学思想。但是,选课的学生可能会对一些问题纠缠不休,这就比较浪费时间了。

最后,最重要的是确保研究生学会对自己要求严格。他们是否坚持一年每天都早起一个小时?如果总是有本科生进入教室打断工作或是要求帮助实验,他们是否建立了特定的咨询时间?他们是否能一周有一天待在家里而不用做家务?他们是否需要一台新的电脑、打字机或是录音笔?是否要买新的文件夹、钢笔?书桌和工作椅是否舒适?要训练学生知道在哪儿写、什么时候写,以及怎么写(膝上?床上?浴室或是酒吧?)决定之后,就在合适的时间,带着合适的工具,去该去的地方进行写作。

总的来说,鼓励和帮助学生写作最能体现导师的工作成效。写作是一项技能,一旦学生开始学习并且应用,便会惠及整个学术或专业生涯。

时间一周周一月月过去，看着初稿成型，越摞越厚，对学生和导师来说都是一件欣慰的事。如果学生和导师把写作视为一项共同参与的活动，他们就一定能分享乐趣。

扫除写作障碍

最糟糕的情况是，尽管你已经尽了最大努力，学生还是遇到写作障碍，你就需要立即行动了。障碍刚出现时一般不易察觉，因为学生可能会回避与导师见面和（或）自己也忘记提起。一旦意识到困难存在，就必须行动。我们在第6章曾提到如何重新调动一个士气低落的研究生，所有提及的策略也都适合帮助扫除写作障碍。还有一些方法特别适用于敦促学生写初稿。首先，要使自己的身份从"好警察"转变为"坏警察"。虽然我们一直建议导师提供支持性诱导，但是也不排除一些战略性变化。有时需要严厉一点：制定一系列截止日期，每个日期前都要上交一部分文章。如果学生没有及时交稿，两个人就该认真严肃地分析一下拖沓的原因——是害怕失败的完美主义、不合理的工作习惯、担心导师对文章不满意还是其他原因。有时候，严厉一点有用；有时候，正面鼓励奏效。要是你能诱导一个遇到障碍的学生写点东西，热情的鼓励可能会激励他继续写下去。你要小心处理对初稿的反馈意见。学生急切地想知道导师的意见，很容易被打击。当他们看到纸页边缘有很多评论，提出很多问题，文章又被画了很多红线，你积极热情的批改很可能在他们眼中就成了毁灭性的批评，从而丧失所有信心。如果你确实感觉有很多话要说，你要让学生感觉你信任他和他的作品。偶尔奖励一下也会鼓励学生，比如一起吃饭，送学生一本书等等。

除了情感方面的工作，导师还需要与遇到障碍的学生共同写作。两个人一起坐在书桌或电脑前，写初稿或是重新开始。让学生决定这一段要写什么，然后开始写。运气好的话，学生起先会指定一些题目，你可以让他们去控制。如果他们不这样做，你就要经常与学生坐在一起写作，直到学生可以独立完成为止，或者直到你认为这个方法对学生有效为止。

让学生录音可能比写下来有用。有时可以把你和学生的讨论录下来，谈话中学生会极力表达自己的观点。录音文本就可以替代初稿。还有更简单的方法,为系里的论坛材料或会议材料的准备设定一个截止日期,这会施加外部压力,令学生写出有用的文章。(同样,演讲本身也可以录下来,作为文字版的基础。)

有时问题并没有那么严重,学生只是在某一章节遇到问题,可以将其置于一旁,先写其他部分。有的学生似乎认为必须从引言写起,有的则认为要先将文献阅读分类,或是写结果之前必须先介绍方法。克服临时障碍的方法就是鼓励学生先写容易写的部分,而不是困在某一点上停滞不前。

要是学生的障碍是另外一种不同情况(有一章或一部分写得十分糟糕而学生又无力改进),导师需要建议他们将其置于一旁,先写别的部分。这样学生就不太可能会情绪低落,导师也可以得到休息,而学生有可能在写其他部分的过程中想到改进不足部分的方法。至少让学生休息一下,再写的时候也许能找到症结所在。安娜贝尔·皮尔斯(Annabel Pierce)就是个很好的例子。

案例8.4　安娜贝尔·皮尔斯

安娜贝尔·皮尔斯的硕士毕业论文有2万字,当时她的导师是萨拉。然后安娜贝尔到里门斯多克(Lymstock)大学读博士,导师是麦根·亨特(Megan Hunter)。入学18个月后,麦根告诉萨拉,安娜贝尔在写有关"理论"的章节有很大困难。那个星期,萨拉在赛恩斯玻利(Sainsbury)大学见了萨拉,并告诉她这件事。萨拉向两方单独建议,最好先不要管这部分,继续论文其他部分的写作。这会使安娜贝尔恢复信心,也能让麦根休息一下,同时论文的其他部分也不会耽误。六个月后,萨拉再见到安娜贝尔时,她对完成论文乐观多了:她意识到自己原先关于理论的章节,同她写的其他很成功的部分相比有多么糟糕。安娜贝尔的这段故事发生在1997年,她在1999年拿到了博士学位,并成为大学讲师。

总之,我们认为先给整篇论文写一个初稿,然后修改,会比单独让每一章都尽善尽美进度要快。《星际旅行》(Startrek)主题曲的高潮"一直向前",可以作为写论文的箴言。

文字处理

我们很容易认为现在的学生都掌握了很好的电脑技能，会使用文字处理工具、表格、平面设计等等。但是来自发展中国家的学生和成年学生（除非做过办公室职员）也许并不是这样。同样我们二十几岁的学生也不一定都会电脑。我们也不要以为，学院里提供了相关培训，学生就一定能掌握相关技能。

明智的导师不会理所当然地认为学生掌握了足够的电脑技能。1994年时对药学院药剂学专业的博士生进行了调查（Whittlesea,1995），结果显示很多人都不具备文字处理能力。参与调查的人都是以英语为母语的人，并且刚刚在英国获得药剂学学位。但是，他们大多反映本科阶段学习的电脑技能根本不够用来做博士论文。许多人都上了正规课程来进一步学习，或是请人帮助才完成的。导师需要询问学生的电脑水平，引导他们学习相关课程或是告诉他们大学里可以提供哪些相关学习软件。但是，你会发现并不是所有学生都能明确判定自己的需要和能力，或者不知道应该学习那种技能和软件。李德斯丹姆和牛顿（Rudestam and Newton,2001）讨论了如何使研究生尽最大可能地掌握信息技术的技能。

导师的任务之一是确保学生掌握足够的文字处理技能，这样他们才能写文章。他们要与学生讨论论文本身最初和最终的文字处理。有一些重要问题需要解决。全日制学生可以随时去工作台使用计算机，但非全日制学生就不行了。并不是什么时候都有一台电脑可以用。环境好一点的家里可能有电脑，失业的、工资低的、退休的或者低收入家庭就可能没有电脑，或者有一台与大学系统不匹配的老机器。重要的是，一开始就要告诉非全日制研究生，一定要有一台电脑可用，不管是在家里、工作单位，还是晚间或周末使用大学的设备。要是使用家里或者工作单位的电脑，要确保软件及时更新，并与学校的电脑匹配。（资源丰富的大学或院系可以租借手提电脑给学生。）

案例 8.5 电脑问题

吴莉莉（Lily Wu）和克劳迪亚·瑟夫里丝（Claudia Seferius）都

因为电脑使用不便而无法完成论文。莉莉用的是丈夫的机器,显然只有在丈夫不用的时候自己才能用。我们曾劝她使用系里的电脑,但是她一直用的都是苹果电脑(Macs),使用PC会很不习惯。由于不方便干涉夫妻问题,我们也觉得无能为力了。克劳迪亚的工作需要做很多写作和文字处理工作。虽然她很乐意为写论文做大量阅读和收集数据,但她整日坐在电脑前工作,已经不愿意再多坐一分钟写论文了。最后,她决定把初稿录下来,请一个打字员录入。克劳迪亚是当地政府的研究主管,孩子也都长大了,所以她决定花点钱解决问题。

最好从一开始就同学生讨论准备自己做多少收尾工作。有的学生可能愿意自己写论文,而把编辑排版和打印工作交给专业人士,有的则想全部由自己完成。如果是后者,告诉学生哪里的打印机质量较好。学生应该培养细心校对的能力和学会使用拼写检查软件,还应该知道大学里关于页面设置和图表排放的规定。导师应该向学生介绍管理参考书目和索引的软件,这些软件是非常有用的。要有计划地进行培训和练习,不要等到研究最后阶段再匆匆进行。

文字处理能力也会拖一些学生的后腿。因为他们可能会给文本加上一些根本不可能打印出来的效果,或者浪费几周的时间仅仅为了让论文看起来更漂亮。而有的学生则直接用文字处理工具进行写作和编辑。这里,讨论一下文字处理工具对学术写作的影响和学生喜欢哪种写作方式是有益的。可以先看看一些学者这方面的自传。彼得·伍兹(Peter Woods,1986)写了他在电脑还没有普及时用纸笔写作的经历。1996年的那本书又写了他如何从纸笔写作过渡到打字机又过渡到电脑。他探究了这些转变,其间引用了大量作家名言,包括已故的艾里丝·默多克(Iris Murdoch)和通俗小说家琼安娜·特罗洛普。他证明,无论何时,都不能丢弃用纸笔写作的能力。

最后,导师还要帮助学生停止写作。有时,学生会不停地写论文,不断地修改,无法停下来。不断地修改文章,追求完美,很容易迷失。导师会发现自己陷入进退两难的境地。先是鼓励学生写作、修改和对批判性评估作出反应,现在却要劝学生不要再写了;不要再增加一个章节,不要再受一种流行理论的影响,不要……到此为止吧,你的论文已经完成了。

这同样也需要导师和学生之间充分的信任。学生需要对导师的学术判断有充足的信心，说到底还是对自己有足够的信心，意识到写作已经可以结束——至少这部论文已经完成。一旦论文写作接近尾声，导师就可以重点让学生准备答辩，这就是第 9 章的内容。

9

帮助学生顺利闯关——评审和答辩

> 根本性错误是由缺乏真正兴趣造成的。
>
> （Sayers，1972：171）

引 言

一个好的导师不会在学生论文完成之后就对学生失去兴趣。学生从写完论文到答辩结束之间的一段时间里仍然需要导师持续的帮助。这种帮助应该围绕着对选择评审人、准备评审和最终的答辩进行。

一些大学的导师没有选择本校评审人和校外评审人的权利，也不以任何方式参与论文答辩过程。这容易使导师忘记自己的一项重要任务：那就是，帮助学生准备递交论文、评审和答辩。这一章是写给这样一类导师看的，他们在选择评审人和论文答辩中都会扮演一定的角色。最重要的是，他们在帮助学生准备评审的过程中会扮演主要角色。我们将讨论校外评审人的选择问题、呈递论文和评审的准备工作、答辩的进行，以及评审人在其中扮演的角色。我们希望这方面的讨论对那些还没有评审论文经验的老师和学生即将完成论文的导师都会有所帮助。我们首先要推荐一部关于论文答辩的短篇小说，是由克劳斯（Cross，1970）写的。小说中的答辩在哥伦比亚大学英语文学研究生院举行，时代背景是反越运动的高峰，各高校已经出现了长达一年的骚动。小说中的女主人公是凯特·范斯勒（Kate Fansler）教授，她的学生康弗德（Cornford）先生写了一篇关于奥登（W. H. Auden）的博士论文。美国的大学并不使用校外评审人，只是要求有其他系的一些老师加入评判小组。克劳斯的短篇小说长八页,读起来非常有趣,其中一个滑稽的情节是:评判小组应该包括来自亚洲文明系的常(Chang)教授(因为奥登曾来过中国,也写过中国),然而真正出席答辩的却是另一个常教授,这位常教授来自工程系,是做石灰岩地貌研究的。在答辩开始时,常教授开始发问了:"请告诉我,"他彬彬有礼地坐在转椅上,"在中国,奥登先生找到石灰岩地貌了吗?"虽然有很多校园小说(参见 Carter,1990),但是描写论文答辩的却很少,这个短篇应该是其中最有趣的了。当然,没有导师会愿意自己的学生有同样的遭遇。

为论文答辩做准备

背景工作

很少有学生知道为什么要设校外评审人和本校评审人,他们的基本职能又是什么。学生们也不清楚,成为评审人应该具备哪些资格,他们是怎样被选出来的,又是由谁任命的,递交论文和进行答辩一般相隔多久。导师有责任向学生解释本校的操作流程——首先他们自己必须了解这个流程。

必须清楚了解的第一件事就是递交论文的最后期限,以及其他时间上的限制因素(比如毕业典礼的时间、研究出资方规定的时限)可能对学生造成的影响。很多老师都记不住这些日期,而学生们对机构运作也非常无知。如果良好的师生关系,或者一篇优秀的论文,因为递交、答辩和毕业等技术层面的问题而受到影响,那是非常可惜的。这样的情况发生在盖·帕吉特(Guy Pagett)的例子里。他是现代语言学院的讲师,之前从未参与过高学位论文的递交工作,对卡迪夫市交论文和授予学位的时间表也一无所知。

案例9.1 帕吉特先生的帽子

帕吉特是俄语系的老师,他的博士学位念的是社会学专业。萨拉是研究院院长。在卡迪夫市,论文评审组是由两位校外评审人组成的,不设校内评审人。要找到同一天都有空的两名合适的外校老师做评审人有点困难。我们一开始选定的一名老师去加拿大休假了,所以评审人人选到了论文装订那一刻才定下来。盖在5月份交了论文,以为这样就能赶上7月10号的毕业典礼,他母亲还专门为此给他买了顶新帽子。而事实却是,在威尔士大学,学生要在7月份毕业,就必须赶在4月15日之前交论文,而答辩则必须在6月15日之前进行,以便按时完成档案处理。既然盖是学校的老师,这些日程规定又都写在校历上,萨拉想当然地以为盖对此知道得非常清楚,她于是没有向盖解释:由于他的论文错过了4月15日的最后呈递期限,评审组召集评审人又不顺利,所以他没法在那年毕业。萨拉将答辩定在7月3日,盖通过了答辩。但在得知自己要再过12个月才能毕业时,他既伤心又生气。他的母亲更是为他感到羞愧。好好的一件喜事——论文写了很久,质量很不错,答辩评审人也对盖赞赏有加——却被萨拉的一个疏忽而搞糟了。

导师有必要告诉学生学校的运作方式及这些要求将会给他们带来的影响。学生们还需要了解,学校提高毕业率的压力以及瑞诺兹(Reynolds)报告(CVCP 1985)对评审流程的影响已经在过去几十年里改变了递交论文和论文答辩的形式。我们在卡迪夫发布的文件中有几段话是这样写的:

> 自从瑞诺兹报告出现以来,考核论文的方式有了改变。对于硕士学位和博士学位的论文,必须有一名校外评审人(威尔士大学以外)和一名本校评审人(非考生导师)共同考核。系主任在选择校外评审人时担负法律责任——但一般情况下会尊重考生导师的意见。校外评审人必须对论题感兴趣,在该领域有研究,并是一位资深学者。有博士学位的教授更理想——但有时周围可能会找不到合适的教授。

以上这个段落是学生首先应该了解的。如果导师能够就系里在挑选外校和本校评审人时采用的标准与学生讨论,那对他们会很有帮助。讨论可以围绕以下几点:评审人所得收入,评审人的积极性何来,如何在专业知识和"公平原则"之间找平衡,以及对评审人的选择会带来哪些长远影响。我们将在下面就每一点简要地进行讨论。

学生们一般不清楚聘用校外评审人的费用是多少(本校评审人不收

费,这一点他们基本上也不会知道)。其实,当校外评审人的收入如果按小时计算,比英国全国最低收入标准还要低。(实际聘用时的费用取决于论文的好坏,因为它决定了评审人阅读和批注论文所需的时间。)这就是为什么要选择对论题感兴趣的评审人的原因,学生们可能不了解这一点。对校外评审人来说,审阅学生论文并没有多少外部奖励,只有内在的兴趣才能使他们愿意从事这项工作。我们顺便还要提一下,修改论文对校外评审人来说也是一项相当有压力的任务:学生们写论文时往往不会替读者着想,除非哪一天他们自己做了评审人,才会明白评审人的辛苦。保尔就经常告诫他的学生(包括本科生、研究生和博士生)他们不如把审阅他们论文的老师想象得非常疲惫,工作过于辛苦并处于极大的压力之下。这样,学生们就会在写作过程中有意识地去吸引评审人的注意力,把论文写得尽可能清晰明了。如果他们能做到这点,他们也就能够使别的读者读懂并记住他们的文章,不管是现在还是将来。

在英国,各大学在论文答辩的安排方式上存在着明显差别。有的大学设立一位评委会主席,通常还包括一个熟悉答辩规则的高层教员,以确保答辩流程符合规范。其他学校则会由校外评审人或本校评审人担任主席,或者干脆不设主席。如果论文通过没有争议,那么没有主席问题不大,但如果论文本身在答辩过程中出现了一些小问题,那么有主席就会更好一点。

在几乎所有的大学,如果答辩的学生是本校老师,那么就会要求安排两名校外评审人,而且在有的大学,只有具有丰富经验的老师才能成为独立的本校或校外评审人。有的大学要求学生导师出席答辩;有的尊重学生的意见,学生可以选择导师在场或不在场;而有的大学则规定导师不能出席答辩。在伦敦大学,本校评审人必须来自另一个学院。在爱丁堡大学,本校导师必须来自另一个系,所以如果学生是学神学的,导师就可以是来自古典文学系、古历史系、东方学系或哲学系,视具体情况合适地安排。

在讨论中总会有人提出这样一个问题:为什么会有人愿意当校外评审人?我们所知道的激励因素有:利他主义和责任感。担任评审人是学术圈和具体学科领域里一项有来有往的活动。所以一般情况下学者们都会愿意参与其中。如果就具体选择考核哪些论文来说,主要是看评审人对论题的兴趣,他与学生导师是否是朋友,学生导师有没有为他的学生评审过论文,他和系主任的关系如何,他在当时的工作安排如何,有没有其他担任校外评审人的任务,以及一些私人原因。私人原因可能包括:他正好可以借参加答辩去探亲、看望朋友或同事,或者答辩地点与运动场馆和其他娱乐设施离得很近。

还有一个比较极端的原因可能促使学者愿意当校外评审人,那就是为了积累经验。这也是大部分学者同意担任本校评审人的原因。就像很多其他工作一样,看的论文越多,自信心也就越强,指导和考查学生也就更轻松。你担任评审人的次数越多,你做导师的水平就会越出色。

从导师的角度来看,对校外评审人的选择涉及以下这些考虑因素:这个潜在评审人在多大程度上对论题有专门研究,他对该领域总的来说有多少了解,他是否是一名公正、公平、理性的评审人,这方面的考虑又应该与对其专业水平的评价结合在一起。如果一个领域内的专家对学生要求相当苛刻、吹毛求疵,那他就不是一个好人选;一个专业程度较低、较为全能型的学者,如果他对学生的评判非常公正合理,那么他就是一个较好的人选。导师需要决定是否与学生讨论自己对评审人的判断(当然不是针对评审人个人)。然而,我们的确有义务保护学生不受不公正评审人的评判,这就意味着,我们不得不谨慎行事。如果你和你身边的同事对可能担任评审人的X教授并不了解,那么就有必要四处打听一下。

学生常常请求你为他们挑一个"脾气好"或者"容易通过"的评审人。提出这样的请求很好,因为你可以借此详细地向学生解释,选择一个合适的评审人有多么重要,不仅对答辩很重要,还关系到学生的长远发展。一个校外评审人不仅在答辩时考查你——他或她还可能资助你、评判你,成为你一生的守护者。有一个好的校外评审人非常重要。那些即将退休的学者不是理想的人选,而应该选择在十年内还会活跃在学术圈的人,这样的人选才有可能在将来为你的学生写介绍信、推荐信,并提供各种机会。以下的两个案例,案例9.2和案例9.3,讲的就是选择评审人的问题。案例9.2是个成功案例,而案例9.3则是个失败的例子。

案例9.2 玛格丽特·拉斯布瑞杰的长远利益

玛格丽特·拉斯布瑞杰完成了论文之后,我们挑选了威廉·波维斯（William Purvis）教授担任答辩评审人。我们没有选择某位著名的理论家，虽然他的研究领域正是玛格丽特论文的核心，原因在于，玛格丽特在论文里批评了这位理论家的学说，于是我们担心他很难客观地对待论文。波维斯教授对论文和玛格丽特的研究都很满意，授予了她博士学位，还对她赞赏有加。波维斯教授在此后还资助了玛格丽特的学术事业，使她得以前往澳大利亚，并成为了波维斯教授负责的一份期刊的编辑，她论文中的两个章节也得以发表。那个著名理论家在论文发表后才得知玛格丽特对他的负面评价，而此时玛格丽特已经可以在与他地位平等的情况下与他辩论了。我们对当时选择评审人的决定非常满意。

  我们建议你最好了解一下你所在的学校和你所在的系在选择评审人的问题上各有什么惯例。理论上或许只有系主任或研究院院长才有资格选择评审人，所以你可以了解一下他们在作决定时一般会听取谁的意见。即使导师在理论上没有发言权，他也可以通过自己的影响把意见传达到决策者的耳中。有很多非正式的途径可以影响决策：提出好的建议，批评不好的建议，请同事帮你暗示，等等。

  还有一个棘手的问题，那就是学生自己对评审人人选的看法。很多学校都不允许学生影响决策，但是很难完全不与学生讨论评审人人选的问题。不管是谁做最后的决定，他或她都有必要了解，评审人人选与考生之间是否存在关系，包括官方的或非官方的，合法的或非法的，好的或坏的。如果事先没有与学生打过招呼，那就有可能不小心选择了学生的干妈、姑姑，以前的或现在的情人，过去的房东或网球搭档来做学生的评审人。更现实、更严肃地来说，合理地选择校外评审人可以避免师生之间在最基本的研究理念和研究方法等问题上出现不必要的分歧，在这个意义上，合理选择校外评审人也显得非常重要。学术圈里有合适的场合供彼此平等的学者展开激烈辩论。这类辩论有自己的法则，对旁观者来说还具有娱乐性。学术期刊或主流杂志的读者来信部分充满了学者之间的恶意攻击，这可以说是一项血腥的运动，没有它学术界的环境会大不一样。但答辩不应该成为学术比武的场所。

  学生们往往希望尽早知道评审人是谁，这样他们就可以在对论文进行修改时加入一些对该评审人的正面引用，去掉文中可能出现的对该评审人的负面评价。这样的做法就其本身而言当然是没什么必要的。但如果学生的研究与评审人的领域有较大的相关性,那么学生无论如何都会引用评审人的学说。导师应该提醒学生,他们不需要去想评审人是谁(关注其个人),而是要想评审人是什么样的(关注其兴趣、经验和技术)。为一个较具普遍性的读者群准备论文,而不是为一个完美的评审人(可能根本就没有这样的评审人,有也未必请得到),这更有利于文章具有针对性和可读性。导师可以与学生讨论评审人候选名单,这样学生就不得不去了解每个候选人掌握专业领域的全面程度。最关键的问题是要搞清楚校外评审人是否合适。就像我们已经暗示过的,在这个问题上有很多对"合适"一词的理解对我们考虑评审人人选都是有帮助的。导师、系主任或研究院院长,在提出或通过评审人人选时至少应该有建设性地参考若干条"合适"原则指导下的选择尺度。

这就把我们引到了对尺度问题的讨论上,即在选择外校和本校评审人时必须考虑哪些学术标准?这方面需要记住若干标准。首先,要留意候选评审人是否有"吊桥"心态。这是一种极普遍的心理。评审人在获得了较高的学术成就之后,总希望在吊桥升起之前,尽管还有无数不合格的无知的人想冲进城堡,他应该是最后一个进入象牙塔的人。这个比喻其实是说,有"吊桥心态"的学者会想尽一切办法驱逐那些想要加入学术精英队伍的学生。厄文·高夫曼(Erving Goffman)建议导师和学生要回避这样的评审人。

第二项考虑标准是评审人与学生的匹配性,以及评审人是否心胸开阔,没有偏见。一个理想的评审人应该符合以下两种情况中的至少一种。第一种情况是,评审人与学生在研究理论、数据采集和分析方法上基本一致,并都对研究的考察对象感兴趣;第二种情况是,评审人心胸开阔,所以能够欣赏与他不同的学术观点和研究方法。当然了,学生应该能够为自己的理论、方法和论题做合理的辩护,但是,让他们在盲目的偏见面前为自己辩护显然是不公平的。如果评审人对某种学术立场充满了非理性的敌意,那他就一定不是好评审人。

案例9.3 评审人选择错误

新克莱尔·多兰(Sinclair Dolan)在古典文学系念了好几年博

士，后来他所在的系被撤销了。他的导师对此非常恼火，在新西兰另谋了职位，并再也没有与新克莱尔和原大学有任何联系。地中海研究系接受了新克莱尔，尽其所能地为他做了安排。他的论文交上去之后，研究院院长为他找了一个尽可能合适的校外评审人，并从历史系挑了一名老师做本校评审人。这两位评审人对论文都不满意，把它退了回去。新克莱尔因此对自己的新导师很失望，对评审人人选也很不满意。原来，新克莱尔在论文中用同性恋理论来解释19世纪德国学者对古罗马诗人贺拉斯（Horace）的评价。校外评审人却偏偏特别排斥同性恋理论，也不喜欢以古典作品的学术研究为主题的论文。

系里决定资助新克莱尔一年，在此期间他可以重写论文，还聘请了另一所大学古典文学系的教授担任他的导师，通过视频和电子邮件对他进行指导。第二年答辩时，系主任担任了他的答辩委员会主席。新克莱尔重写了论文，认真地处理了校外评审人提到的每个问题，并在新导师的帮助下，更为明确地为同性恋理论和19世纪德国的古典研究进行了辩护。尽管校外评审人仍不赞同新克莱尔的理论，但是新克莱尔还是通过了答辩，因为他的论文符合明文标准，并对有争议的理论进行了清晰的阐释。

评审人在其学科领域的名声也是值得考虑的问题。如果学生可能会在将来从事学术工作，那么选择一名可以帮助他发展学术事业的评审人是非常明智的。评审人对学生的帮助和资助将是额外的收获。罗塞莉·奥特本（Rosalie Otterbourne）和卢克·费兹韦廉姆（Luke Fitzwilliam）的故事就说明了这点。

案例9.4　罗塞莉·奥特本和卢克·费兹韦廉姆

萨拉是罗塞莉·奥特本的校外评审人，安东尼·凯德（Anthony Cade）是卢克·费兹韦廉姆的校外评审人。后来，萨拉成了罗塞莉的介绍人，将她推荐给了安东尼·凯德做研究助理。同样的，对卢克的论文颇有好感的安东尼将卢克推荐给了萨拉，担任萨拉负责的一所暑期学校的老师。罗塞莉和卢克的学术事业都因为他们评审人的推荐而更上一层楼了。

有时候，选择一个学术上合适的评审人还可能会产生社交上的影响。比如，为了找到最理想的评审人，学生可能需要长途旅行到评审人的所在地，可能需要有监护人陪伴。下面的例子讲的就是这样的情况。

案例9.5　有监护人的答辩

法蒂玛（Fatima Ibn Battuta）来自一个有很严格的性别隔离制度的伊斯兰国家。她的导师是西西里·新克莱尔（Cecily Sinclair）博士。法蒂玛交了论文之后，学校对如何安排她的答辩进行了讨论。我们选了一名女性做校外评审人，由萨拉担任答辩委员会主席，本校评审人由一名男性担任。在答辩过程中，我们确保法蒂玛不用单独与那位男性评审人在一起，她在答辩的几个主要环节始终都披着面纱。直到正式的答辩结束，新克莱尔博士与本校的男性评审人离开，只剩下那位校外评审人和萨拉时，法蒂玛才撩起面纱，见到了她久仰的校外评审人。

与答辩和选错评审人的痛苦经历形成鲜明对比的是，我们要强调另一种情况，即当评审人选合适，一切进展顺利的时候，整个答辩过程可以让所有参与者都感到收获颇丰。如果论文合格甚至优秀，如果它满足一条被普遍重视的标准——对相关学术领域作出了原创性的贡献，那么阅读和评价这样的论文对评审人来说就会成为有趣甚至愉快的事。同样，如果学生毫无疑问地有资格获得学位，那么答辩本身就是一种有意义的体验。在这种情况下，答辩会比在一般情况下更加平等和友好。学生可以向评审人谈谈自己对未来研究的计划、发表的计划、对争取研究经费的想法等等。而评审人也能在这种场合下向学生提供真正意义上的建议，为今后帮助学生打下基础。这样的答辩是师生双方思想的交流与互动。所以，如果论文写得好，评审人又找对了人的话，"答辩"这个词就与它通常情况下传达的意思有所不同了，更多的是平等性，而非对抗性。

处于被动接受地位

研究生也会害怕评审。无论学生在学术上有多么出色，论文的质量有多高，评审的过程仍会给学生带来巨大的压力。事实也的确如此。评估论文本身就是考核的过程,执行这个过程的评审人学生也基本上不认识,从这一点看,考核过程使学生恐惧是情有可原的。我们对研究生的调查(Eggleston and Delamont 1983)显示,他们中的大多数人都为论文评审过程的不确定性而担忧,导师中缺乏担任校外评审人经验的也为数不少。让我们来看看南西·恩赖特(Nancy Enright)博士的例子。她被认为是金佛德大学最成功的毕业生之一,现任拉奇顿大学讲师。她的论文答辩经历回忆起来可并不让人愉快:

"我恐怕我的答辩比任何人的都要糟糕。我做了一件最不该做的事——我哭了,因为我实在太难受了,我对那场答辩的回忆真是坏透了。我觉得我自己的那次答辩可以说涉及人权问题。评审人对我论文的评定非常不到位。大概我自己也有一部分责任。虽然按规定学生不应该事先知道评审人的身份,但之前我的导师还是和我私下讨论了评审人人选的问题,我当时就对学校为我选的这个评审人不太满意……我的评审人是一个叫瑞丁戴尔(Reddingdale)的历史学家。他对人类学论文里参考书目的格式一无所知——根据格式惯例,不用将书名里的每个字母都大写——我做的参考书目长达25页,他看了一遍后,把每个他认为应该大写而没有大写的字母都圈起来了。论文中有很多打字错误,但那是因为我当时只雇得起最便宜的打字员。那个打字员打错和遗漏了很多字,那个评审人就对我说'这句话没有动词'这一类的话。答辩那天,他又错过了火车,害得我和导师以及另一个评审人等了足足两个小时,这给我增添了很多精神压力……还有,答辩结束后,他们也没有对我说'干得不错'这类的话,只是告诉我,'我们要你在三个星期之内把拼写错误改正过来。'"

第二遍读我们对恩赖特博士的采访记录,可以清楚地看出她为答辩做的准备很不充分,因为在采访过程中的某一时刻,她说:"我那时不知道评审人是有资格把论文退回来的。"

卢兹·华莱士(Ruth Wallace,1994:104—105)回忆了她在伯克利的答辩经过:"那个评审人的战术是:一旦发现学生可能会给出一个正确的、令他满意的回答,他就打断学生,不让学生继续说下去。没人在事先警告过我评审人会用这招,我完全不知道他对我的打断其实意味着成功,而不是失败。"

导师能够也应该减轻学生的痛苦和恐惧。可以做很多努力来缓解不安情绪,比如向学生解释整个答辩过程,使学生不再觉得它神秘而不可测,还可以指导学生做无懈可击的口头陈述,以降低论文被退回来的概率。

消除答辩的神秘色彩

以下做法可以使学生不再感到答辩是一件神秘的事:

第一,有两本书会对学生(和导师)有帮助,它们的作者分别是默里(Murray, 2003)和廷克勒与杰克逊(Tinkler and Jackson, 2004)。

第二,可以在课堂上发一些讲义和练习,让学生根据资料进行小组讨论。

第三,从研究型硕士学位升级到博士学位所必需的答辩流程,以及作为每年常规审查的答辩流程都可以拿来做讨论的话题。

第四,在论文快要完成时,为学生组织单独的模拟答辩。

第五,学生互相之间也可以展开答辩,这类活动可以列为课程的一部分。

第六,学生可以假设自己是评审人,在读完一篇论文后,列出在答辩时准备问作者的问题。

第七,举行公开模拟答辩,让系里的老师也参与其中。

哈特雷对研究生心理的调查(Hartley and Jory, 2000;Hartley and Fox, 2004),涉及了以上各种方法的有效性。哈特雷的调查显示,大部分大学都没有为学生提供系统的答辩训练。我们对上述方法有一些经验。为了帮助我们自己的学生准备答辩,消除他们的不安情绪,我们在课程中设立了针对答辩的教学环节。一部分课程有相关的讲义,我们还提供了两类模拟答辩。这些我们会在接下来的部分里介绍。

减轻恐惧情绪

在斯堪的纳维亚、荷兰以及比利时,研究生答辩是公开的活动,所以学生们可以观看别人如何为他们的论文辩护。在英国,答辩是不公开的,所以导师和学校的各个系有必要设法安排模拟答辩。有两种形式:

单个人的模拟答辩和公开的模拟答辩。每种形式都有其优点。还可以为学生提供讲义和课程,帮助他们了解答辩过程中会发生什么,校外评审人在评定论文时又会采用哪些标准。表9.1是关于校外评审人评定博士论文标准的。表9.2的内容是关于答辩的内容和学生应该怎样进行陈述的。接下来我们会讨论模拟答辩的问题。

表9.1　校外评审人做什么?

校外评审人的职责是判断论文是否符合英国大学的学术规范。如果校外评审人对论文不满意,那么他们有权将论文退回去做进一步修改,或者不让论文通过。现有的供博士生参考的类型有:

1. 学生能够拿到博士学位。(评审委员会可能要求学生对论文的排版或其他细节略做改动,之后才能将论文存到图书馆。)
2. 学生在完成评审委员会要求的改动之后才能拿到博士学位。(在这种情况下,评审委员会可能会规定,校外评审人必须对学生的修改完全满意之后才能授予他学位。)
3. 学生无法拿到博士学位,但由于论文内容有可取之处,只是在陈述和细节上有问题,所以学生可以修改论文,并以较低的费用再次申请博士论文答辩。
4. 学生无法获得博士学位,但可以对论文进行修改并再次呈递,再次申请博士论文答辩的费用为全额费用。
5. 学生无法获得博士学位。
6. 学生无法获得博士学位,但由于论文满足研究型硕士学位要求,可以被授予研究型硕士学位。
7. 学生无法获得博士学位,但可以在完成了评审委员会规定的修改要求的前提下被授予研究型硕士学位。(在这种情况下,评审委员会可能会规定,校外评审人必须对学生的修改完全满意之后才能授予他学位。)

答辩的意义在于检验论文是否是学生自己写的,学生是否清楚自己做了什么,为什么这么做,是否有能力对评审人针对论文任何一方面提出的问题作解释和辩护。

评审人如何做判断?
1. 打字/文字处理:存在着很多错误吗?需要重打,还是只用做手工修改?
2. 参考书目全面吗?(论文中提到的参考书目是否都列在论文后面的书目里?)
3. 参考书目格式正确吗?
4. 文献综述具有综合性和时效性吗?如果不是,学生还需要做多大程度的改进?
5. 论文属于哪种类型?如果是建立在实际考察基础上的,那么就要考虑以下问题:

(续表)

    (a) 问题值得研究吗?
    (b) 研究方法正确(或者至少相关)吗?
    (c) 研究方法使用得合适吗?
    (d) 相关研究方法是教科书上讲到的吗?
    (e) 研究样本足够多吗?选得好吗?
    (f) 数据陈列得清晰吗?
    (g) 作者对他的数据在整个文献中的地位有现实的认识吗?
    (h) 讨论能够解释数据结果吗?
    (i) 结论是否是根据分析数据结果得出的?
  6. 如果论文是理论性质的,那么评判的标准是:对理论的讨论是否前后连贯,陈述清晰,符合逻辑。
  7. 如果论文是关于一个现实的项目(比如学生所在学校的新的课程安排),那么评判标准主要是:学生是否能从现实处境中退出来,客观地做研究。
  如果你想了解怎样做评审人,可以参考布朗和阿特金斯(Brown and Atkins, 1988)《高等教育中的有效教学》(*Effective Teaching in Higher Education*)一书中关于做评审人的那部分。

以下是关于答辩的分发给学生的材料。

表9.2 答辩过程中会发生什么?

做好准备

尽量去观看模拟答辩,认真观察,这样你就会明白自己的答辩会怎样进行。记笔记,与导师讨论你的疑问。

答辩一般都要持续一个小时,有时可能会长达4至5个小时。所以要穿舒服的衣服,并确保自己不用频繁上洗手间。午餐不要吃大蒜、咖喱或喝酒!

不要使用味道过浓的香水或古龙水;答辩会很热烈,常常会出汗。

你应该准备好:

    (a) 你论文的复印本;
    (b) 一支铅笔、黑色水笔和一个笔记本;
    (c) 一块干净的手帕;
    (d) 打字错误清单,是你在交论文之后发现的错误!

着装大方——干净和整洁是最重要的,并不一定要穿西装。你穿的衣服应该能够使你放松,所以不要穿卡住脖子的新衬衣、太紧的裙子或使你脚痛的鞋子!在未经允许的情况下不要抽烟。

可能会发生的事

你的校外评审人、本校评审人、答辩主席和导师可能会一起吃午饭。(大部分答辩开始于下午两点或两点十五分。)他们在答辩前一定会找机会聚在一起,讨论他们对你论文的看法,以及如何组织答辩。所以在答辩前,他们一定已经准备好了要问的问题和要说的话。

你会被请进答辩室,介绍给校外评审人(和本校评审人,如果你们互相不认识的话)认识。主席会由系里资深的教授担任,他或她会告诉你答辩的流程。"X教

（续表）

授会首先提问……"或者"Z 教授和 P 博士都有问题要问,我会先请……"

主席不需要在事先读你的论文,他或她的任务是保证答辩符合规范和公平原则。

在卡迪夫,评审人在答辩结束前不允许向学生透露结果——所以回答问题要小心。

在评审人提问完毕之后,你会被请出答辩室,他们会在你离开时做最后决定。然后你会被重新请进答辩室听结果。

你可以拜托你的导师在答辩过程中做一些笔记,以供答辩结束后参考讨论。

评审人可能会问的问题

你可能会遇到的问题——也是你应该在事先准备的问题:
1. 你为什么选这个论题?
2. 你是怎样开始对这个领域感兴趣的?
3. 你研究后有什么发现?
4. 你的研究遵循怎样一个理论框架?
5. 你的论文用到了哪些理论?为什么要选这些理论?
6. 还有哪些理论是你考虑过但最终放弃的?
7. 概括一下你的研究设计。
8. 你使用的调查方法有哪些优点?
9. 你使用了哪些研究工具?
10. 介绍一下你的样本的基本特征。计划和实际得到的样本有区别吗?
11. 你对得到的样本是否满意?
12. 关于研究过程的一些问题

(a) 可能会就你在论文中提供的证据(访问的数据、表格等)和你对这些材料的解释展开广泛的讨论,讨论还会涉及对这些材料的其他可能的理解方式。

(b) 还会就你得到的结论是否合理,是否有根据展开广泛的讨论。

(c) 你的发现(对某个相关行业)有什么意义/你对政策制定者有什么建议?

(d) 你想对自己的研究做什么更改吗?

如果评审人说"在 692 页你写道",不要露出惊讶的表情——他或她居然看得这么仔细。你只要翻到 692 页,然后镇定地读一下你自己究竟写过什么!不管问题有多愚蠢都要保持礼貌。

如果你没听清楚问题,告诉评审人你没听清楚,礼貌地请他们再问一遍。

要坚定而冷静地为你的论文辩护:

"是的——这是个很好的批评。当时我没有认识到 X,所以我做了 Y。做 Y 是有益处的——第 7 章对此有体现。"

"我很抱歉我没有读过德拉蒙特的论文,我的导师和我都认为应该使用优秀学者的文献,德拉蒙特并不是一名优秀的学者。"

"我恐怕无法同意这一点。阿特金森的研究的确很有趣——但与我在第 7 章的讨论无关,我在第 10 页对此作了解释。"

要谦虚但不要显得软弱。不要说无关紧要的话,应该简要地回答问题,回答应该与你的论文相关。

如果你被请出室外等待结果,不要紧张,更不要走远。如果你必须要出去打个电话,告诉秘书你要去哪里,并快去快回。

针对单个人的模拟答辩对母语不是英语的学生特别有用。最理想的形式是让两个系里的老师,最好是学生不认识的,在阅读了论文摘要、引言和结论后,花四十分钟的时间进行一个简短的模拟答辩。最好使用录音或录像设备录下答辩过程,这样学生可以在模拟结束后与导师讨论自己的表现,考虑怎样更好地组织自己回答问题的语言以及怎样更有效地为自己的观点做辩护。

公开的模拟答辩与单个人的模拟答辩一样,也是一种消除答辩神秘色彩的好方法。从1987年起,我们每年至少举行一次这样的模拟答辩。我们的做法是这样的:首先选择系里的一名老师表演参加模拟答辩的学生。这个老师自己选择一篇他写的文章,必须是发表了的,并且要在校图书馆有保存,这篇文章就作为答辩时用的"论文"。再从系里选出一些老师当校外评审人、本校评审人、导师和答辩主席。随后定下模拟答辩的日期,向学生发邀请函,并贴出海报。表9.3是我们新近使用过的一张海报的内容。在规定的日期,参加模拟的所有"演员"聚集在教室里,由主席宣布接下来的流程。"考生"在室外等候,主席在学生等候期间向观众介绍评判委员会的各个成员及每个人的角色。然后答辩正式开始。主席宣布评审人职责——一般引用学校的规定,然后学生进入教室。答辩一般持续四十分钟,在这期间评审人提一些鼓励性的问题,学生尽其所能地给出完美的回答。也就是说,模拟答辩的假设前提是:答辩是成功的,论文通过了,学生努力地做出了尽可能好的表现。

表9.3 模拟答辩海报

模拟答辩2003
社会学研究院模拟答辩
2003年5月12日,周一下午5:15　　Bute楼161教室
考生:　　　阿迪塔·布拉瓦基(Aditya Bharadwaj)博士,SOCSI
主席:　　　罗杰·曼斯菲尔德(Roger Mansfield)教授,CARBS
校外评审人:伊夫林·派森(Evelyn Parsons)博士,UWCM
本校评审人:萨拉·德拉蒙特博士,SOCSI
导师:　　　威廉·豪斯利(William Housley)博士,SOCSI
(如需咨询详细信息和获取论文拷贝,请发电子邮件至 rgs@cardiff.ac.uk)

在结束了第一场模拟答辩后,我们再次把考生请出去。考生会改变形象——把西装换成T恤和牛仔裤——然后又被请进教室。这一次,他

或她成了一名不够格的学生,而论文也会被答辩委员会判为不合格。不同老师扮演的"坏"学生风格也各不相同——哭泣型、只言片语型、阴郁型、好斗型、喝醉型、开玩笑型等。有一年伊万·肖(Ian Shaw)博士扮演了一个在答辩过程中变得越来越阴郁的考生,最后他像婴儿般地缩成一团,还发出嘘嘘的喘气声。保罗·阿特金森教授曾扮演过一个20世纪60年代的地方自治主义者,攻击评委会对工人阶级出生的学生有偏见,以此来回应他们提出的任何批评。

我们组织的观众包括75到150名研究生,以及一些即将初次做评审人的教员。第一场成功答辩的表演观众们看得津津有味,第二场失败的答辩表演则更将他们深深吸引到了戏剧化的情节之中。当看到台上的考生表现糟糕,失去了获得博士学位的机会时,观众席中有人呼嘘、有人尴尬、有人紧张。当台上的考生答错问题时,台下观众的反应也非常强烈。有少部分人觉得模拟答辩太可怕了,但大多数人都觉得它既具娱乐性又有教育意义。这种模拟需要花很多时间组织,但其显著效果让我们觉得努力是值得的。答辩的神秘色彩在学生心中不复存在了。

导师把选择评审人和组织模拟答辩的工作做好还不够,学生的努力也非常重要。必须确保学生在答辩前做好论文的所有检查工作,这样答辩时评审人才能针对论文的思想而非拼写错误来考查学生。

帮助学生提交论文

学生们常常认识不到,花时间校对文章是很重要的。如果文章是他们自己打出来的,那校对意识就会比较薄弱。导师应该再三告诫学生,他们应该找一个朋友,把整篇论文,包括标点符号,"大声"念出来,还应该将表格、数据和数字与原先的实验笔记、打印材料和手写版本对照。如果导师能够在指导学生初期聘用他们校对自己写的一些文章,那么这将有助于学生学会怎样把校对工作做得更加专业。学生们可以互相帮忙,为彼此校对论文,这种方法是值得鼓励的。下面讲述的埃里厄尔(Ariel)和泰克萨纳(Texana)的例子将有助于你的学生形成一丝不苟校对论文的意识。

案例9.6

埃里厄尔和泰克萨纳都在赶着交论文,提交论文的最后期限是4月14日。埃里厄尔的论文显然没有经过拼写和语法检查:有的句子缺少动词,有的单数动词跟在复数名词后面——每一页都有打字错误。泰克萨纳的打字员和复印员显然也心情不佳:一个复印本里出现了4个第9页,然后就一下子跳到了第16页,另一个复印本里却连一个第9页也没有,这种错误在整整272页中频繁出现。泰克萨纳的校外评审人拒绝读她的论文,要求她重新准备一份手稿,这就意味着她的答辩必须推迟到下一年的9月才能举行。

埃里厄尔的校外评审人在发现了每一页上的打字错误之后,不仅要求她改正这些打字错误,还要求她在同时进行更多的修改,完成更多的统计测试。

在这两个例子里,学生们因为没有完成他们本来就应该好好完成的任务,而不得不在修补漏洞的同时,承受压力(泰克萨纳的例子)或做更多的工作(埃里厄尔的例子),还要因此而负担更多的开支。

学生们需要导师的指点,比如提交的论文是要临时性的装订还是永久性的装订(视学校规定而定),还可能需要导师帮助他们完成学校规定的一些文书手续(比如有的学校要求学生在提交论文前交一份通知报告。)学生还可能需要贷款来支付交论文的费用(如果有费用要求的话)。他们可能不好意思求人帮忙。导师还应该牢记于心的是,不要低估有的学生"对暗示麻木"的程度,其他学生觉得本该如此的事情他们却会认识不到。我们听说过有个学生交的论文居然用的是天蓝色的纸张,原因是他没有阅读学校的相关规定。

在论文交上去后,学生要做的就是等待答辩,导师除了帮助学生"排练"答辩外,也没法在其他方面帮忙。然而有一个办法可以帮助学生准备答辩,那就是鼓励他们阅读克瑞尔(Cryer, 2000)和菲利普斯与普(Phillips and Pugh, 2000)撰写的指导书籍的相关章节。他们提供了很好的主意,可以让学生们有建设性地度过等待答辩的时光。但是导师在推荐学生阅读这些书的时候要非常谨慎。比如菲利普斯与普建议学生们要列出一个详细的论文概要,以此来复习论文和准备答辩。这种做法对于很多论文都是不适用的。对于一些学生,这种做法只能加剧他们的紧张情绪,而无法改善他们在答辩时的表现。书中提到的另一个建议却是对所有学生都有用的,那就是他们应该想一想答辩时可以问评审人哪些问题——学生往往会向评审人征求关于发表的建议。同样地,在事先对校外评审人的背景做一些简单了解也是有好处的。当然在这点上,没有必要做得太过分。如果学生在答辩时过于投评审人之所好,就会适得其反。

最后要指出的一点是,应该确保学生认识到,交了论文就意味着要答辩。导师的职责在于决定一篇论文是否可以呈递和接受考核,而不是保证论文通过。不管学生有没有听从导师的指点,他们最终还是要对自己的论文负责。如果论文通过,拿到学位的是学生,而不是他们的导师。

答辩与结果

在你的学生走进答辩室之前,你应该已经完成了三项任务。首先,你应该了解你学生的学位考核标准和规范,尤其是答辩的可能结果。考核规范每个学校都有所不同,而且可能会有变动,所以导师容易觉得自己已经掌握情况了,可其实自己了解的信息已经过时了。其次,了解自己系和学校的答辩怎样进行也是有好处的,比如参加答辩的有些什么人,他们又各自起什么作用。(有一些设主席,另一些则不设。)尤其重要的是,你要清楚你自己需不需要参加答辩,如果参加,你又将扮演什么样的角色。(有一些学校明确规定导师参加答辩,但不是以评审人的身份,另一些学校对导师是否参加学生答辩的问题则有其他规定。)你要了解的第三点是,你必须确保你的学生对上述提到的几点也一样清楚。学生尤其需要了解的就是导师是否会出席自己的答辩,如果出席,又是以什么样的角色参与其中。

在卡迪夫,博士生答辩会有八种可能结果,我们在表格9.1中已经列出了这八种结果。在答辩结果出来并向学生宣布后,导师该做些什么呢?我们会依照八种可能情况来分别讨论。其中一种学生不被授予博士学位而被授予研究型硕士学位的结果可能会在英国不复存在,因为英国高等教育质量保证委员会(QAA,2001)认为这种评判违背公平原则。

各个大学都有不同的规定和用词，导师和学生必须彻底了解和掌握适应他们的各项规定。从表9.1中我们不难看出，博士生答辩的可能结果是有改变余地的。各项规定的用词也不太直接。有时候，评审人和评委会主席必须自己作判断，来确定他们给出的评判属于学校规定中的那一项。所以评审人和主席清楚地了解列表中各项结果和它们通常的定义是非常重要的。校外评审人不可能对所有学校的不同操作都耳熟能详，所以评委会主席或研究院院长（或其他负责人）必须确保校外评审人对学生的裁决是符合本校规范的。

如果答辩的结果属于前两项，那么导师要做的就是和学生一起庆祝胜利，在激动过后，还应该为学生的学术事业助一臂之力。（我们会在下一章讨论这个问题。）如果论文被退回来修改，那么导师可以做以下几件事。首先，与研究院院长、系主任或其他相关负责人以及学生本人讨论是否有必要更换导师。新导师的新视角往往会对大家都有帮助。其次，导师应该确保评审人退回论文的决定是有根据的，也就是说，导师和学生都应该明确论文被退回来的原因，并且清楚修改的具体方向和要求。如果导师没有被更换，而是继续担任指导学生修改论文的任务，那么这名导师就必须了解评委会对自己的学生有什么要求，对修改完成的时限有何规定，学校对重新提交论文和再次答辩又有什么规定。导师们往往会对除论文通过、学生获得学位外的所有其他结局都感到失望。然而，退回论文，要求对其做一些适量的修改对学生和导师都不是一件丢脸的事。如果每个人都能在第一回就通过，那么答辩也就失去意义了，博士这个学位也就没有多少含金量了。但这并不意味着导师没有必要做自我反省。导师应该问问自己，论文的一些缺点是否可以在早期发现并改正；自己给的建议是否总是最明智的；学生又有没有充分地听取自己的建议。导师总能够从自己学生的论文中找到值得自己借鉴的东西，不管论文是通过了还是被退回来了，如果是后一种情况，导师更应该思考可以从中吸取哪些教训。当然了，你可能会认为评审人退回你学生的论文只是因为他们水平不够、智力太低。但如果所有的评审人都指出了相同的问题，那么或许你和你的学生有必要接受一个事实，那就是论文的论证没有你们以为的那样令人信服，或者论据没有你们想象的那样充分，结论也没有你们认为的那样不言而喻。

彻底失败的例子并不多见，但也不是没有。我们在这里不会对此展开细节性的讨论。这种失败对导师和本校评审人而言常常是意料之中的，因为他们在结果出来前就知道了学生论文的主要毛病。除非出现了不幸的特殊情况，这种失败往往体现了学生无法完成导师规定的任务，没有接受导师提出的建议，或者忽略了导师要求掌握的主要研究文献。在这种情况下，你应该确保自己的角色是被人理解的，并有记录可查。如果以后出现了抱怨或控诉，你应该确保自己不会由于学生自己的问题而被指控为指导不合格。控诉的实际程序每所大学各有不同，我们没必要在这里讨论。但如果你有一个软弱、懒惰或者特别固执的学生，而他的论文又因此没有通过，那你的确应该做好准备。有一点必须要清楚认识，我们已经在前面指出过了，那就是指导学生写论文并不意味着担保论文能够成功。

有时候，学生论文写得很好，答辩时却会表现得很愚蠢。埃里斯·帕盖特（Ellis Pargeter）就是这样的例子。

案例9.7　答辩表现不佳

保罗是埃里斯·帕盖特答辩评委会的主席。校外评审人和本校评审人在答辩时提的问题都非常有道理，然而埃里斯却情绪紧张，非常害怕，使答辩完全没法进行。在结束了正式问答之后，保罗询问埃里斯是否做过单人的模拟答辩，参加过几次系里每年举行的公开模拟答辩。埃里斯说他的导师告诉他没必要参加这类活动。这个例子告诉我们，存在着这样的导师，他们会给学生提供不负责任的糟糕建议。

幸好这样的例子少之又少。

案例9.8　答辩表现优秀

萨拉负责主持莉莉安·伍德瓦立（Lillian Udvary）的教育博士答辩。虽然莉莉安有些紧张，她还是发挥得不错。答辩结束后，校外评审人告诉她辩护论文完成得很成功，她取出系里发的材料说："我做了学校教我们做的事：我从那些在模拟答辩时扮演考生的演员那里学到了很多东西！"

考虑到模拟答辩组织起来很花时间,对参与者的要求也很高,每一个莉莉安这样的案例都让我们感到欣慰,也弥补了偶尔出现的埃里斯给我们带来的遗憾。

在答辩或二次答辩结束后,导师还有一个责任要完成,那就是推动学生学术事业的起步。这将是下一章的重点。

10
帮助学生自信地开始职业生涯

> 失去了自信勇敢地表现……她们不再愤怒和怀疑。她们是感到害怕了。
>
> （Sayers, 1972: 248）

前　言

塞耶斯（Sayers）描述的是一群受到匿名信和恶意伤害恐吓的女性。许多想要继续从事学术研究和教学的研究生也同样对学术界感到怀疑、害怕,甚至愤怒。而许多导师可能觉得答辩后就万事大吉,往后发生的事不归他们管；那是博士研究生自己的职业,让他们自己做简历找工作去。我们不赞同这样的观点,相反,我们认为一个好导师应该协助研究生建立良好稳固的职业基础。

我们认为,导师应该把研究生教育阶段看作职业生涯的重要组成部分,协助学生准备一份全面的履历、重要联系人名单和发展策略。答辩一旦结束,导师可以切实有效地帮助以前的学生过渡到独立发表文章和找第一份工作的阶段。本章分成三个主要部分：研究生在读阶段的就业能力培养、答辩后的求职和出版事宜。显然,本章大部分内容主要适用于想要一份"学术类"或研究类工作的全日制学生。在培养学生就业能力的两个阶段,导师有必要参考这方面的论著。布拉克斯特、休斯和泰特（Blaxter, Hughes and Tight,1998）合著了一本包括就业能力培养各个方面的实用著作,而阿特金森和德拉蒙特（Atkinson and Delamont,2004）写了一本关于研究类职业发展的著作。

学生对就业市场的了解不多，而且，学生主体显然并不十分了解学术类职业的工作方式（e.g. Startup, 1979）。最新的研究也清楚地表明，近年来，大学毕业生对加入当代劳动力市场所作的准备非常不充分。布朗和斯凯斯（Brown and Scase, 1994）的研究正是恰当的例子。

我们毫无理由相信，研究生会比布朗和斯凯斯采访的对象在就业能力方面准备得更充分。蒂姆和布拉霍尼（Deem and Brehony, 2000）指出，修读社会科学和人文学科的研究生没有多少机会看到或体验他们导师的脑力劳动。罗伯茨（Roberts, 2002）和四个高等教育拨款委员会（Higher-Education Funding Councils，简称 HEFCE, 2003）强烈建议对大学生进行职业指引和指导。

研究生在读阶段的就业能力培养

本节我们重点讲述利用研究生在读阶段建立良好的职业基础。我们从礼节开始，到建立一份全面的履历、人际关系、会议，并树立筹资意识。出版事宜将在本章第三节论述。

礼节

导师最重要的一项任务可能是训练学生的学术礼节。这可以在研究生阶段的早期开始。一些学生似乎没有意识到为什么学术著作需要"致谢词"，需要经培训才知道向拨款机构、指导员、技术人员、行政人员、图书馆员工、系主任或研究组组长以及自己的导师致谢。在早期，导师可以讨论论文中有致谢页的原因，建议学生新开一个文件或用笔记本记录有用的人名，以方便记住这些人。如果你能够在自己发表的论文中感谢你的学生，这就会激励他们，而这也成为培训的一部分。比较长一段时间后，检查学生在早期发表的论文中的致谢词部分，还有脚注。这样，你的训练会让他们在以后大半辈子不会冒犯他人。导师可能需要告诉学生：读者将检查他们的致谢词，看是否与这个学科"吻合"；必须向赞助人和拨款机构致谢；得体的致谢词会在行政人员、技术人员和图书馆员工中产生凝聚力，更加激发他们的热情。导师有必要向学生明确解释，得到帮助而不致谢的学者很可能错失工作机会，就像坎迪斯·柏特

(Candace Pert,1997)描述的例子一样。柏特引发的争议使她的前导师失去了拉斯克奖(Lasker Prize),很可能还有获得诺贝尔奖(Nobel Prize)的全部机会,同时也显示出,她对学术界约定俗成礼节的无知。

案例10.1 学术礼节

20世纪70年代,保罗(Paul)是贾德·斯普林菲尔德(Judd Springfield)的医学博士(MEd)导师。多年以后,贾德在另一所大学获得了博士学位。他向保罗写了一封信,附上一份毕业照片、博士论文的摘要以及致谢词,上面写到保罗是早年对他有重要影响的人。保罗一直以来帮贾德写有正面评价的推荐信,将来也会继续帮他写。相反,在奥罗拉·提嘉顿(Aurora Teagarden)的导师手术后因病缺勤期间,他花了大量时间辅导奥罗拉完成论文,但奥罗拉并没有在自己的论文或者发表的文章中表示感谢,因此即使有机会,保罗也从来不推荐奥罗拉。

撰写简历

成功的研究生需要考虑得稍微长远点,而不仅仅是完成自己的研究和提交论文(虽然大部分时间里,光是这些已经够他们忙了)。对职业发展考虑得更广阔是值得的。有抱负的学生可能要进行建设性和策略性的思考,看如何获得实用技能和经验,使自己在职业竞争中脱颖而出。这些包括:获得教学技能和经验、规划将来的研究、确定经费来源和研究地址。具体的经验取决于学科本身和实际条件,但一些宽泛的问题具有普遍性。

高校允许大部分研究生和研究助理从事一定数量的教学任务。确实,院校资助的奖学金和助教职位会特别要求申请人必须同时从事教学和博士研究。研究理事会奖学金明确要求研究生和研究助理每星期可以讲几个小时的课。如果院系有一个教学计划(如果专门在研究中心或机构,则情况有别),那么应该鼓励研究生取得教学经验。这通常通过开办教程/研讨课获得,如果是实验科学,则通过实验示范(讲授实际操作课)。教学经验自身是非常有价值的。许多大学教师发现,按教育本科生的方式来整理思路有助于他们按照与原先不同的方式组织材料,因此，即使只是示范和授课，教学对年轻大学教师来说有其固有价值。按教育普通本科生的方式组织思路的能力还有助于用言语传达当时隐含的想法。同样甚至更加重要的是，长远来说，这些未来的大学教师需要考虑如何将教学经验写入简历。聘用固定职工对学校的教学计划有潜在的好处，当今极少学术院系不考虑这一点。

研究导师的角色可能不涉及系里基本教学职责的分配。另一方面，导师与研究生之间的关系意味着，导师表达自己对职业规划的意见是合适的——也许是在跟研究生教育主任、研究院院长或综合负责人讨论的时候。尽管让研究生从事教学不是导师责任的重要部分，但研究生不应该被当作"杂役"，而得不到适当的指导和培训。确实，作为员工发展计划的一部分，应该向研究生、研究助理和类似人员提供教学入门的一些初步培训和辅导，这种观念日益得到认可。应该有人对学生进行引导、支持或提出忠告。导师的指导最好包括以下综合建议：如何掌控研究、教学和其他活动的时间分配。同样地，还可能就学生想要积累什么样的就业技能和经验进行一些指导性的讨论。如果有获得教学证书的途径，则可以和研究生们讨论他们能否或应否取得证书。

除了获得证书，学生还需要建立人际关系网。

普通人际关系网及通过会议建立的特殊人际关系网

学术生活依赖人际关系网：及时获取领域内最新资讯、判断自己或他人的工作成绩、留意期刊的现状、寻找外部机构、寻找发表途径、出席会议、工作和闲聊、适应生活。这些都是学术生活中依靠人际关系网的重要部分。学生必须学会这些，而帮助他们进入这些网络的最好途径，就是利用导师自己的网络。有的学生似乎与所有的同事都能够"自然而然"地发展良好的人际关系。有的学生需要得到鼓励和赞助，而有的可能甚至需要别人向他们明确指出人际关系网的重要性。学生可能没认识到，必须在本学科建立一个联系人网络，且越早开始越好。夏季课程是个好开始，有很多大学的研究生参加，课程结束后还有会议。

当然，学术会议是一个拓展学生的专业人际关系网的机制。如果你喜欢参加会议，那么直截了当的方法是鼓励你的研究生陪你一起参加，那样你可以把学生介绍给自己的朋友、竞争者和出版社代表。主要的障碍是资金,而且重要的是,在本系、本校和校外为学生寻找可用的经费,并鼓励他们申请财政支援。有的学生可能不愿意参加专业会议,这样的话,你需要找出他们不愿意参加会议的原因。如果是因为他们不懂得会议的重要性,或者因为腼腆或与"名人"打交道感到自卑,那么导师需要解释为什么认真的学者必须跨越这些障碍。如果是因为财务或家庭问题(孩子不能单独留宿,或配偶病了需要照顾),那么有必要制订长期的计划,寻找解决这些问题的方法,以帮助学生摆脱困境。

如果你的研究生似乎无望参加其他地方的会议,你可能有必要在任教的大学里组织或协助学生组织一次会议。让研究生参加会议组织工作,对他们来说是绝佳的专业培训。更重要的是会议组织的实际经验本身可以培养学生一系列的可转移能力(transferable skill),在往后多年里可能大派用场。

让学生在合适的会议上展现他们的研究成果也同样重要。我们再次申明,具体的机会范围因学科不同而变化。有些专业协会举办地区性会议,特别供研究生和其他初级研究员展示当时研究的成果,这些是学生学习会议演说的基本技巧和为范围更广的专业听众演示材料的很好场合。

规模更大的全国和国际会议也可以为研究生提供演示成果的机会。在许多学科里,海报展示是研究生将其结果呈现给专业观众的适当方法。另外还可以为研究生提供参加圆桌会议、专题讨论会和类似活动的机会。国际大会就像是"社交忙季",你可以乘此机会,把你的研究生、研究助理和其他初级职称的同事"带出来"长长见识。成功的演说对研究生的名誉有着重大影响,也对院系和研究组有积极的作用。

如果会议演说成功了,那么职业准备和培训就合格了。我们的读者已经饱受坐在会议厅听人陈述准备不足(如明显超过规定的时间、表述不清楚、没有主题等等)的会议论文的痛苦折磨。会议演说是非自然的交流模式,在时间和格式上有非常严格的限制。听众不一定特别感兴趣。导师和研究生委员或学校的成员应该确保研究生和其他人把握每一个锻炼演说技能的机会。

研究生需要定期对他们现时的研究作演示。给学生指定整整二十分钟的演示时间,让他们选择展示哪个方面的成果。应该要求全日制学生每年作一次研究演说。向他们解释，尽管二十分钟可能听起来好像很小气，但那是他们在重大会议上得到的最长的时间，很多情况下，演说时间比这更短。向学生解释，观众都是会对他们有帮助的朋友和同事，因此他们应该在初次尝试会议报告之前，习惯进行论文演说。对学生的演说内容和"感性印象"提出意见，告诉他们如何将关键观点传递给观众，例如：经验表明，许多（不同年龄和地位的）演讲者将太多时间花在次要的引言上，而不是马上进入论文的核心。鼓励学生写出铿锵有力的论文，用几个要点表达出来。帮助他们避开低效演说的可怕陷阱，例如只顾低头念稿而不面向观众！应该鼓励派发材料、使用高射投影机（OHP）和运用PPT。会议主持人一定会非常严格，到时间则立刻停止演示。

无论毕业生何时演示论文，导师应该尽量出席，如果不能出席，应该正式表示道歉。理想情况下，系主任及该职位以下的高级职员都应该出席。伊恩·库克（Ian Cook, 2000）说，有个导师"从来没有出席过我作的任何一次演讲"。通常最好确保有人陪伴新生参加会议。有经验的学者有时会忘记，学术会议可以是使人感到胆怯和孤独的场合。库克说他的首次论文演讲，是在博士生三年级时，在英国举行的英国地理学家协会年度会议上，按计划，他要读一篇3 500字的论文。在主持人把他打断之前，他甚至还没读到一半。他因为紧张，于是开了几个玩笑，结果反而招致种族歧视和性别歧视的指控。他根本还没有准备好公开演讲论文。

一群学生和年轻研究人员可以相互给予支持。如果学生已经在会议上尽其所能得到锻炼，那么导师或其他同事应该留意哪些机会可以将学生引荐给可以提供帮助的联系人，提议哪些会议值得参加。因为我们自己的学科严重依赖于书本，我们认为，会议的一项重要功能就是，我们的学生和同事可以在出版社会展上与出版商及其代表见面。他们不一定初次与出版商会面就开始谈判，但从中期来看，与大型出版社的代表建立友好的职业联系也许具有重大价值。对于某些学科，与设备销售员见面也同样重要。学生在会议上应该学会像灵活圆通的教授和演讲者一样处事。

在你的学生首次出席会议场合之前，他们可能喜欢读一些描写学术会议上明智和愚蠢举动的小说，并以此为鉴。戴维·洛奇（David Lodge）的《小世界》（*Small World*, 1984）是最为有名的一部，但还有很多其他这类小说。爱玛·拉森(Emma Lathen)的《钞票变绿了》(*Green Grow the Dollars*, 1982)描写了美国植物科学(American Plant Science)会议的场景。而琼斯(D. J. H. Jones)的《现代语言学会的谋杀案》(*Murder at the MLA*, 1993),背景设在现代语言协会(Modern Language Association),对会议过程中不同人的行为作了比较。为了使学生明白其中的道理,用几分钟与学生讨论那些小说当然是必要的。

建立综合的人际关系网对研究生的短期和中期职业极有价值。每个学科尽管普遍来说职业轨道都不相同,但个人知识和职业关系几乎总是很重要。实验科学方向的职业发展常常不仅仅由研究程度本身决定,还由是否获得博士后职位和博士后研究的发展决定。有时研究生可以申请本系的职务,有时他们需要转移到其他实验室开展一段时期的博士后研究工作。导师和学生需要讨论和考虑如何处理这样的就业可能性,并认识到博士后职位是迈向其他职业的重要垫脚石。职业人际关系网的发展可成为职业规划的重要组成部分,因为它有助于确定学生将来可能开展深入研究的实验室和研究小组。

在实验科学中,研究生取得博士学位后的研究工作反映了成功的研究组的经费和相对稳定性。能够吸引充足外部研究经费的实验室和研究组,希望保留一群博士后人才。这些博士后通常每天都在履行指导和照顾研究生的职责,他们对研究组的持续发展非常重要。而在相关学科内颇有名望的一个实验室从事博士后研究,是对一个年轻科学家的职业最有价值的证明。在这个阶段建立的人际关系网和协作关系,在职业上对一个人的一辈子有着重要意义。

在其他学科,外部经费可能不会带来固定的博士后职位。但那并不妨碍博士研究生完成论文后对将来的研究进行规划。导师和学生可以不断积极地考虑,如何为新项目的研究和保障学生的短期职业获取外部经费。但这是既可能成功也可能失败的职业规划。研究生的科研计划书通常不太可能实际获得研究委员会、慈善机构或其他机构的资助。而导师和研究生共同制定的研究计划书赢得资助的可能性就大一些。确实,起草一份看似可信和值得资助的研究计划书是一种研究技能,可纳入研究生和学术类雇员培训的任何计划中。在这类培训中,应该也包括让学生参与讨论,看如何为一次考古挖掘、一次出国旅行、设备、CD-ROM

资源或其他事筹集资金。

求职者的两难困境

本节我们主要讲述推荐信。在这方面，导师角色对学生未来的职业至关重要。

推荐信和推荐人

研究生和导师之间的工作关系可能在提交论文和授予学位后延续多年。导师常常有可能成为以后对学生有帮助的推荐人。校外评审人也可以发挥类似的作用，这就是为什么需要战略性考虑校外评审人的选择，正如我们在第9章中所强调的。现在我们集中讲述导师的一些持续义务。

导师可能成为自己研究生的专业推荐人。提供推荐信（主要是学术类或其他职位）是几乎所有学者的重复不断的重要工作。像评审推荐期刊论文、撰写书评等工作一样，写推荐信对一个学科的发展具有一定的意义。它像其他工作一样，直接影响个人的职业前景和利益。我们都负担着双重义务。我们对同事负有义务，确保合格的文章得到发表、合适的研究获得资助、合适的人员获得任命。同样地，我们对自己的学生和以前的学生负有义务，确保激发他们最大的潜能，并获得很好的职业发展。

学术推荐信自成一类，我们可以轻易腾出少量时间来读或写推荐信。在此我们不再赘述。我们只需要说：经验不足的学者只要按照我们建议的这种方式协助自己学生，就会做得很好。表达积极和热情支持有许多方式，表达保留态度也有许多方式。例如，推荐人常常通过无力的赞辞而不是直率的批评来达到贬损申请人的目的。经验不足的推荐人可以给更有经验的同事看自己的草稿，确定是否达到想要的效果。假如推荐信过于犹豫不决和低调，那么可能传达出负面的意思，即使作者的本意确实是肯定的。同样地，导师需要把握适当地表达热忱的方式。在这方面，毫无疑问存在文化差异。美国学者的热烈态度在英国学者看来，可能显得"言过其实"。美国学者似乎比英国学者更加喜欢称申请人是他们曾经教过的最出色的学生；英国学者则不会太明显表示热烈的态度。确实，写给英国的招聘委员会的推荐信，过多的最高赞美之辞可能反而损害申请人。（当然，同样，写给美国机构的推荐信需要符合美国人的文化习惯和期望。）

资历尚浅的大学教师需要学习关于推荐信类别的知识，而向更有经验的同事求教是个不错的办法。例如，读者通常假定，如果推荐信中没有提到研究的某个属性或方面，那是作者故意的。推荐信的读者习惯于"体会言外之意"，破译其中密码，因此写信人需要理解约定俗成的编码。由于疏忽或以为不重要而遗漏什么，可能不经意间将申请人置于不利的境地。同样，漫不经心的推荐信也可能造成贬损。最好阅读所申请职位的具体细节：如果申请人是面试讲师，推荐信却没有提到教学能力，那么可能说服力不够。同样，不强调某人研究的原创性和对学科所作贡献的重要性，也可能有害。

导师不只是学生第一份工作的推荐人，推荐人这种义务可能持续多年。导师和学生之间常常是一种持续关系。成功研究生的成功导师应在他们整个学术生涯中提供合适的推荐信。重要的是，成功的导师必须意识到这些文件的各种要求和常规，并作出相应的回应。同样重要的是，教会研究生理解这个过程，鼓励他们及时将最新的计划、现时简历等等跟导师和其他高级教师沟通。学生可能需要你明确告诉他们，你是否始终愿意帮他们写推荐信，或是希望他们每次申请职位时都重新问你。无论你的决定是什么，重要的是，确保写推荐信前对该学生的现状有正确的认识，清楚该学生为什么需要这份推荐信并对推荐信作出相应调整。

还有一件事是关于提供公开或非公开推荐信。这取决于个人选择，但如果你确实给学生看过该推荐信，那么应该告诉潜在雇主这个事实。当然，你和被推荐人必须认识到，职位申请人已经看过的推荐信可能会被忽略。还有些时候，你可以且应该拒绝做推荐人，或者警告该学生，如果让你做推荐人，你不能给予学生正面的肯定。如果学生申请某个院系里不适合的职位，而该系将会倚重你的观点，你只能拒绝做推荐人或写一封否定的推荐信；如果你说谎，你的声誉受到的损害将会波及其他请你写推荐信的人，甚至可能危害你自己。

毫无疑问,针对踌躇满志的年轻大学教师制定的职业发展计划,应该包括关于推荐人方面的忠告。你应该鼓励研究生和博士后积极思考:可以让谁来承担这两个角色,如何确保别人充分了解自己的研究并推荐自己成为研究人员或讲师。

求职

研究生如果想要继续留在学术圈内,可能需要你的帮助。如果他们想要到大学以外的地方工作,就业辅导中心可以满足他们的需要,但与学院有共同研究项目的私营单位的职位也取决于研究组的导师和其他成员。如果你和同事习惯听到研究生认为就业辅导中心"帮助不大",那么明智之举是对那里的相关职员提出有建设性的意见,解释你的研究生可能需要什么,看就业辅导中心和院系如何配合。

学术类工作方面,学生可能需要别人帮忙发现刊登职位广告的地方。这些广告可能出现在专业期刊上,也可能出现在诸如《泰晤士报高等教育》(*The Times Higher*)、《经济学人》(*The Economist*)或《新科学家》(*New Scientist*)等刊物上,还会出现在学术协会的通讯、新闻报纸或万维网(World Wide Web)上。向学生指出,由于大学有财政限制,职位可能只刊登在一份全国性报纸上,因此需要浏览多种报纸。如果你已经就业多年,掌握的信息可能过时,那么需要和学生一道重新寻找刊登招聘广告的地方。

研究生可能想通过多种途径进行就业咨询,或至少跟你谈过多种选择。虽然许多学科的学术类劳动市场非常紧张,随着新的财政限制,这种情况日益严重,但对于多数基础学科,职位数量确实按合理的规律增长,而有时研究生还有多种选择。解决他们难题的答案不能简化成简单的公式,而必须由众多个人考虑因素决定。但学生需要留意并能讨论不同机构里不同岗位的相对优点。作出心仪的选择并不总是那么容易的事:一个体面却不突出的大学里的长期讲师职位和在备受推崇的院系提供的三个学期的合约之间,很难取舍。个人选择取决于众多条件,如工作地点的相对灵活性、家庭责任、对不安全感的容忍程度,等等。但是,导师作为综合指导者,工作的重要部分之一就是能够向学生提出他们需要的综合建议,让他们在知情的情况下作出选择。当然,他们也许难得有机会挑拣工作,但也许可以避免不妥当的申请,浪费他们自己和他人的宝贵时间。对正在尝试进入就业市场的研究生而言,模拟选拔面试也许是有用的准备工作。我们很容易忘记,学生也许对参加面试或工作选拔的其他方面(譬如要求就自己的研究和职业规划作简短演说)经验甚少。对一些学生而言,在熟悉的环境里,面对少数几个大学教员扮演的面试选拔评委进行练习,也许是个好方法。

因此,为了实现明智的就业能力培养和求职的策略,学生需要合理地了解特定时间内的工作市场,现实地接受自己的强项和弱项。他们也许需要相当于"评估"面试的训练,从而评估自己必须具备的技能类别和能力范围,尤其是在最初的学位修读阶段。在他们整个研究生在读阶段,他们将需要考虑有利于将来就业的经验类型。在为学位所修的专业课程以外,作为补充,常常还有针对特定研究方法和技巧的暑期课程、教员发展会议、教学和实验示范经验研究,等等。换言之,为了提高自己在高等院校或其他地方的就业能力,在专注于自己的特定研究的同时,发展更为广泛的能力,这将大有裨益。

当然,受聘能力因研究论著的发表而提高,越早考虑学术类职业发展中的出版事宜越好。

出 版 事 宜

在促进研究自身和令学生获得赞助方面,研究生和导师在论著出版方面存在着共同的利益和责任。

出版赞助

出版领域是导师在指导研究生的过程中,可以和学生共同合作,且常常对双方都有益处的重点领域之一。为了总体的职业发展,研究生,尤其是有志于学术类和研究类职业的研究生,需要认识到毕业论文并非研究的唯一产物,当然也并非研究的终点。毕业论文是研究工作的重要组成部分,必须集中精力和智力来完成。但职业可以通过发表作品以及更高的学历得到进一步发展。导师在总体上应以专业方式对待自己和自己的研究生,在发表论文方面也应该持有专业的态度。长期的成功极有可能取决于学术生涯早期建立起来的态度和工作习惯——修读研究生时学习这方面的重要课程当然是越早越好。由于以上原因,成功的导师或研究生委员会很可能在其工作中介绍一些关于出版赞助的知识。

论著的发表和出版是研究生向研究活动活跃的导师学习的领域之一。导师如果自己也在写作、发表论著、评审并推荐期刊文章,为出版社审稿,编辑同行的著作,那么消息会更加灵通,可以更多地向研究生提供切实的帮助,并有更多机会知道让学生开始发表论著的机会。

不同的学科在发表论文的实际常规和相关期望上有着显著差别,而同一学科,在不同院系或研究中心受到的重视也不一样。在我们的学科,我们曾经和更年轻的同事合作,他们来自一个备受推崇的院系,那里并不特别鼓励研究生发表文章。他们的固有观点是:肯定应该先完成毕业论文,再考虑发表的事。而我们看来,我们尽力向学生灌注这样的观点:尽管毕业论文是第一要务,但其重要性并不妨碍在写毕业论文过程中对文章发表进行建设性的思考。在某些实验科学,研究生发表重点实验的结果可能几乎已成惯例,尤其是当实验工作从属于更大的后续研究项目时,将会有其他研究作品陆陆续续发表。在这样的研究组,联合发表实验的结果是一种集体承诺,也是研究文化不可分割的部分。而在其他学科,早期作品的联合发表则比较少见,这在人文学科尤其显著。

我们还为处于职业初期的学者开办职业发展讨论会,参加者包括研究生、博士后甚至新入职的讲师。想象你参加这样的一次讨论会,并听到以下内容:

案例10.2 发 表 受 阻

雷诺士·肯普(Lennox Kemp)描述了自己遇到关于作品发表的问题。他是梅本斯通(Mappenstone)教授指导的博士后,有时要写几篇论文,但他可能有机会发表的所有取自博士论文的文章都被卡住了。他已经把起草的三篇论文交给自己的导师贝甄(Pigeon)博士,但贝甄博士只是把文章放到他的待处理文件盒中,不审查、不增补,也不示意送往期刊发表。卡尔·阿尔伯格(Karl Alberg)表示,他也遇到类似问题。他的博士课程是靠勤工俭学资助的,他的博士论文却由于商业原因得不到发表。现在他是为萨尼特(Thanet)教授工作的博士后,但萨尼特教授只向世界上最大的两家期刊投稿。卡尔说,目前为止,他写的全部论文没有一篇达到萨尼特教授的标准。他想要发表几篇论文,好写进自己的简历,那应该怎么办?

尽管文化差异是明显的,也很重要,就像不同的学术学科之间的差异一样,但我们相信,鼓励学生在切实可行的情况下尽早开始发表论著并不是坏事,只要把题材、学科和当地学术界传统以及对研究设定的实际限制告诉他们。因此,对于作品发表策略的讨论可为整体职业发展的各个方面和融入学术文化或亚文化打下良好的基础。

例如,通过一些背景问题,新手可以了解学术作品发表的过程。所有经验丰富的学者均熟悉不同类型的作品(获推荐的期刊、会议录、经编辑的文集、教材、专著等)所能带来的名望。同样地,他们会意识到上述类别内的更精确的区别。参加研究活动较多的学者深谙辨别期刊所用的精确分级。例如,能够辨别国际期刊中的"蓝筹股"或"钻石",以及质量次之的优秀期刊,并将前两者与低等、浮夸或地方性的期刊分开。同理,在通过发表专著取得进步的学科,学者可以对出版社划分等级,鉴别大学出版社、商务出版社等层次。上述鉴别能力是成功学者的看家本领之一。基于上述准则作出的判断将影响到个人;当遇到委任或晋升机会,个人简历经详细检阅时,也影响到研究组,以及整个院系。英国高等院校研究水平评估不断的压力使这方面意识的培养更为紧迫,因此,必须确保研究生开始明白这些事情的性质和后果。

根据我们及他人的经验,无论研究生多么优秀,多么自觉,我们千万不能假定他们必然意识到这些与发表相关的问题。我们实在太容易把判断力的形成想得理所当然了,如果始终不道破,学生在整个职业生涯中,都只是糊里糊涂或者茫茫然地在黑暗中摸索。

学生不只需要意识到作品发表的个人和集体价值,还需要得到让他们作出合理决定并构思可行计划的那类信息。我们自己的研究生不只是需要知道哪些是声望最高的期刊,他们还需要对自己的退稿率、对方审稿时间长度的估计、通过时间和发表时间之间普遍的延误有更深入的认识。研究生可能对学术出版的整个过程认识模糊,几乎或根本不知道学术期刊的运作方式,编辑、编辑委员会、审校人员等等的责任。可能有人认为学术界的新人和初级成员不需要详细了解这些领域和相似领域,但是，如果他们要把自己的职业前途寄托于反复无常的学术出版领域，则需要系统地了解普遍的相关问题。我们不能确切告诉学生发表什么或什么时候发表。对于学生个人而言，随着他们研究的深入，毕业论文的撰写和研究成果的发表工作之间始终隐隐存在着张力，而总体方案并不能考虑到研究时间表、时间和其他资源的全部偶然性。但是，他们的确需要正确的背景信息，在知情的情况下决定是否专注于会议文件，是否着手"研究记录"和书信，是否试着在权威期刊占一席之位，或把自己的论文投到稍微逊色的刊物，降低退稿率。他们需要获得帮助，以便从战略上和实际上考虑什么作品适于发表，什么时候发表。

与导师或同在一个研究组的众多合作者联合发表作品的事，在很大程度上受某些学科的惯例和传统所左右。除这种情况外，尤其在协作发表不是常规的学科里，研究生和导师需要确定一些基本期望和订立工作协议。甚至在人文学科和社会科学领域，学生和导师联合发表作品也可能是成功而有益的战略。此过程总存在着对初级合作伙伴遭受智力和道德剥削的担忧。人文学科有的大学教师和学生对自然科学学科持有成见。但在自然科学学科，教授和研究室主任把名字署在研究论文上仅仅是由于他们职位的缘故，而与他们对研究工作及随后论文所做的实际工作毫无关系。相比之下，人文学科的师生假定任何共同合作作品必定反映了不对称的权力关系，一定具有剥削性和压迫性，联合发表的做法应该在大多数情况下予以避免。此等观点基于关于著作权和发表的文化专有观点，以及关于协作的特定观点。对于作者身份与合著实际上意味着什么，以及"协作"的本质，实验科学家很可能持有迥然不同的看法，而"协作"本身正是这类联合发表模式的缘由。同样地，我们必须承认，在传言和成见中，总有些真实情况。而有的研究生和初级研究人员的确感到，自己在普通协作和合著的模式下受到剥削。我们在此讨论的要点并非试图为个别学生和导师充当这类问题的裁判。我们至今为止所说的内容会使得一般守则变得不切实际。或者说，我们提倡，导师和对研究生更多一般指导和培训负有责任的人，应该注意详细解说关于发表计划和程序的这些问题。初出茅庐的学者应能清晰地思考发表什么、什么时候发表、如何发表、和谁一起发表。为了成为成果丰硕的学者，这是不断增长的文化背景知识的一部分。

我们已经在第 2 章提到，探讨引用惯例是让研究生看到出版手段的一种方式。随后应该在毕业班或单独指导时清楚描述这些阶段：一篇有希望发表的文章先从作者移交到编辑手上，然后给评审推荐人，再返回给编辑，最后返回给作者并附判断性意见。进行一次"模拟"练习，让一班学生练习为"编辑"评审一篇文章并附推荐意见，这将极有帮助。这样的练习可以与我们在第 7 章提议用来提高判断力的任务配套进行。

现在我们开始给出一些建议，用来告诉研究生如何准备自己的文章以便发表。在表 10.1 中，我们提供了可以打印派发给学生的关于出版和付梓印刷过程给研究生的忠告。

表 10.1　关于发表论著的忠告

发表研究成果有两种主要方法：专著（也就是书）出版或作为期刊文章发表。并非所有的成果都可以成书，但一篇成功的毕业论文应该至少达到一份学术期刊的发表要求。想让全世界都知道你的研究，那么试着把它发表。毕业论文本身读者非常少，它们就在图书馆的书架上搁着，被人遗忘。

正如你动了脑筋完成学术研究，那么同样也应该研究可能有的发表渠道。如果你已经花费大量的时间和努力来收集数据并组织成文，那么再多花一点点时间和努力来准备发表。

此忠告适用于期刊发表或图书出版，意味着你应该考虑如下几点：

1. 哪个出版单位出版你所在专业领域的研究成果？出版社是否有你所在领域的专题列表或丛书？出版社是否已经出版过相似的研究？你所在领域有什么专业期刊？还有哪些普通期刊可能欢迎你投稿？

2. 你试图面对的是哪类读者？学术同事、社会科学家？从业人员？外行的大众？很显然，读者不同，则发表的渠道不同，要求的写作风格也不同。

3. 有没有特殊或新的渠道？有时会有新期刊成立并征稿：其订阅量可能比更早成立的旧期刊小。有时期刊宣布推出特别版而征稿；如果你的主题符合，那么可能获得更多的发表机会。

期刊

一旦完成基础研究并确认可能发表的期刊，你就需要准备论文了。如下几点会对你有所帮助：

1. 用正确的格式书写。期刊有规定基本投稿要求的《征稿启事》，至少每年发布一次。对照期刊的要求确保你的论文符合规定。

2. 按正确的长度书写。许多期刊稿件因篇幅过长而被退回。阅读出版的运作流程，计算稿件的正确字数。

3. 每篇文章有明确的主题或议题。许多稿件因为观点不集中、分散、缺乏条理而被退回。不要在一篇论文里试图涵盖多篇不同论文才能阐述的内容。

(续表)

4. 提交一份清晰易读的打印稿,赢得编辑和审稿推荐人的好感。邋遢模糊的打印稿不可能带来好印象。

5. 不要同时一稿多投。许多期刊的政策规定,拒绝考虑同时投给多个编辑的稿件,而一稿多投几乎总会被发现。

6. 如果你遭到一家期刊退稿,别气馁,试试另一家。

专著

一旦明确了可能的出版社后,你需要邮寄一些材料给出版社。编辑不希望收到你的宝贵论文的一整本复印件,也不会未经详细审查你要出版的内容就与你签订合同。因此,准备一份详细的计划书,提供编辑想要知道的所有信息是个好办法。如果你遵从这些指引,将会显得非常专业,并有一个良好的开端。这份计划书的内容包括:

1. 职称;
2. 作者姓名和邮寄地址;
3. 书的摘要:背景、目的、内容。
4. 市场:本书的目标读者是谁?学生?从业人员?什么学历?大学生?研究生?
5. 风格:文章的难易程度如何?换言之,读者是什么水平?
6. 本书是否为特定课程或特定种类的课程而设计(如:本国学习本学科的学生是否必须修读你所研究领域的课程)?
7. 竞争者:市面上是否有其他书与你的书竞争?如果有,你可能需要说服编辑,你的书与众不同且更胜一筹(毕竟编辑也必须这样说服其他人)。
8. 章节纲要:你需要逐章给出纲要,简要地说明章节和内容。如果你还不能列出纲要,则表明你还没准备好规划并撰写此书。
9. 篇幅:你应该指出每章的大概篇幅和总篇幅(以千字计)。这点非常重要,因为这将对最终作品的可销性和定价有直接影响。
10. 指明是否有特殊的排版要求,特殊排版价格高昂,应该尽量减少。在我们行业内,极少需要特殊排版。
11. 自传部分:简要介绍你的身份和工作。国籍很重要(版权原因)。
12. 时间表:你应该指明切实的完稿日期,相对过于乐观的估计,现实的估计更符合出版社的要求。
13. 样本章节:你应该准备好样本资料,并表示随时可以提供。但是,可能不必随同最初的出版计划书一同寄送。

总体上,确保计划书表面清楚整洁,打印清晰,外观良好。如果你连打印稿或计划书都不能做好,又怎么能把一本书写好?

做好被拒的心理准备。出版书籍是很难的。论文一般不受策划编辑欢迎。你需要做大量的工作,将优秀论文转化成受欢迎的书。你如果计划出版专业专著,那么可能需要依靠商业色彩较淡的出版社。大型商业出版社通常都不喜欢详细的实验性研究报告。

你是否需要一个文稿代理人?不需要。对这类书而言,并非必需。你不太可能介入该书电影版权的巧妙谈判;如果为了金钱,那么别指望了。无论如何,对于一名没有出过书的学者,可能找一个像样的代理比找一个出版社更难。

结　论

　　本章我们概述了导师可以帮助研究生开始职业生涯的多种方法。这对于导师而言既有成就感，又能推动自身的事业，因为如果导师的研究生既有能力又成功，那么导师的名气也会提升。在下一章和最后一章，我们讲述导师的合理自我利益，以及多产的研究生文化的形成。

11

如何挑选学生和构建研究文化

> 他的眼神环顾着一群伸开手足躺卧在海滩上的什鲁斯伯里人,就像一位年轻的苏丹国王正在视察一群完全不抱希望的切尔克斯奴隶一样。
>
> (Sayers, 1972: 342)

引　言

迄今为止,在这本书中,我们行文间似乎暗示研究生指导的过程和结果只是单个学生和他们的单个导师之间的事情。尽管日常教学工作中出现的很多问题及其解决办法正如我们前面的章节所描述的那样,但是我们不能因此而忽略指导和资助研究生的一些更加广泛和普遍的问题。本章作为总结,我们并不想重述当代高等教育机构所面临的当代政策和组织问题。要讨论这些问题的话,我们可能需要另外写一本书了,而且可能远远超出了我们现在所讨论的导师和他们的工作问题的范畴。不管怎样,作为一名导师和院系、研究组或研究中心的一员,必须关注那些更加笼统宽泛的问题,其中包括若干关于保持和改进研究文化,以及促进研究生学习的问题。对此,阿特金森和德拉蒙特在他们 2004 年的著作里已有详细的阐述。这里,我们将要谈论研究生的挑选、研究生文化的推广,以及研究生培训的集体责任。所有这些方面都关系到一个院系或者中心如何着手构建并支持一个研究生部或者研究生院,以及如何在该研究生部或者研究生院传承自身文化的问题。这里我们所倡导的研究生院,并不一定意味着一所大学之内的,而且也并不一定指科系齐全、配备实体空间和职员的机构。当然,有些机构有这样的组织结构,而且也非常成功。但是我们指的研究生院,无论其强项或弱项如何,并非完全以正式的组织结构为前提。事实上,我们旨在传达机构和个人以下两方面的意愿:树立与培养对研究生的集体责任,树立与培养研究生自身的集体认同感。这样的研究生文化有助于维持研究课题及研究兴趣的逐代传承,推动连续的专业研究,并克服研究生个人和学术上经常会遇到的孤立现象。

挑 选 学 生

挑选成功的研究生是很多大学院系和导师所面临的第一个问题。当一个院系或者一位导师挑选到合适的人选,那么皆大欢喜。该院系得到了一份完整的毕业论文,导师可以有三年称心的师生关系,一位初级同事,甚至是终生的伙伴。而对于学生来说,则得到了三年的快乐时光和一个事业的平台。

但是,如果挑选了错误的学生,结果对于所有人来说都是非常严重的。没有什么比把时间花费在一个对你的指导没有任何反应、不着手工作、不能应对经费短缺和孤独、不收集分析数据并撰写、提交论文的学生更加让人沮丧了。在一个研究生身上需要倾注大量的时间、智力、情感,以及其他各方面的努力。如果把所有的这一切都付出在一个没有希望的人身上,特别是要付出 2 年、3 年,甚至 4 年时间,是一位学者可能会遇到的最为悲惨的事情。世界上很少有其他事情需要几乎每周 1 到 2 个小时时间的投入,一年后却最终没有任何收获。一个院系需要研究生来充实他们的研究团队,而导师个人也需要能够适合其指导风格的学生。

很少有研究涉及如何挑选学生这一内容。更没有研究涉及改变的政策是否已经改变了院系或者实际上导师个人挑选学生的标准。接受采访的社会科学教授哈卡珀保罗斯(Hakapopoulos)曾经创作了一幅栩栩如生的英国博士的漫画,并将漫画与我们采访他时在戈辛翰流行的现状进行比较:

"我们仍能模糊地感到,认为这个家伙在他所在的领域出类拔萃,他有聪明的头脑,对自己追求的领域颇有独到见解,他能够在图书馆坐下来平心静气、心无旁骛地阅读,偶尔也能与高级教员休息区的教师进行讨论,并且最终能够交上一份出色的毕业论文。"

这里,哈卡珀罗斯教授指出了对比的一个重要方面。上述的引文是过去的一个典型的博士形象:完全取决于个人的资质,没有或极少规范。在哈卡珀罗斯教授的描述里,这样的挑选体系太看重过去的成绩。如今,所有的大学、院系和导师个人都喜欢提供更加结构化的课程,从而学生可以顺利地通过高等学位的各个阶段。如果学生在申请读博士之前,都会去读一个授课式硕士学位课程,那么挑选学生的过程对于院系来说会变得更加简单。

赫德森(Hudson,1977)记述了关于如何挑选攻读学位的博士研究生的生动讨论,是有关1968到1973年间保罗·阿特金森和萨拉·德拉蒙特在爱丁堡的一大群博士生同学的事情。赫德森认为那些提交博士学位论文的学生最重要的特点是自信和顽强执著的学习天性:这也是足球经纪人期望足球前锋具备的品质。尽管这是事实,但是这并不能帮助导师挑选学生。首先,因为这种品质很难定义和识别。其次,因为这些本科生阶段可能拥有的品质可能在研究生学习阶段就会消失。

大卫·皮尔森(David Pearson,2002)的受访者艾尔(Eyers)教授(音乐学者)提出了他们希望在未来研究生身上找到的一系列特性:

"有些人很清楚他们想做什么,并且很明显地表现了出来。但是你并不能从所有申请人身上都找到这个特点;有些人知道如何独立工作或者对给予他们的东西显得好奇,但具体工作时又难以接受;这些通常是偏激的特点……那就是在亲自验证之前绝不接受……但是有些人却明显拥有学术上的耐性,因为他们必须得独立工作三年时间,而且从本科生阶段到研究生的转换是一个非常困难的转变。而且,你需要记住的是,虽然你在寻找的的确是聪明的学生,但是却并不一定非要是那些才华横溢、什么都能得第一的学生:这种学生并不一定是最好的研究者。有些在本科生阶段数一数二的学生并不一定能够顺利地通过三年研究生阶段的艰苦学习。而且事实上,研究生的学习就是份苦差事。所以,这是你们需要做出的平衡选择。"

这与化学家罗宾逊(Robinson)教授和物理学家平诺克(Pinnock)博士的看法相似。罗宾逊教授希望找合群的人做自己的学生。而平诺克博士希望寻找能够快速融入他的研究团队和实验室的学生。平诺克博士：

> "如果他们是从外面刚刚进入我们的研究团队,我希望他们能够快速地融入我们的团队,有在家的感觉,因为这显然是让他们能够全心全意地工作的唯一办法。从我们物理领域来说,我希望他们能够尽快熟悉所需的技能——也需要做相当大量的背景阅读——但是希望我们招收的学生能够尽快掌握我们所运用的实验技能。"

适应新环境不仅是指个人生活方面,也是指学术方面。新生必须快速高效地学习实验室的研究技能。

对于挑选者来说,最重要的就是仔细思考他们系需要招收的研究生所需要的能力和技能,然后将其与他们可以在研究阶段学习的能力区别开来。所以,如果一个学生需要在试验台前操作熟练,而不是表现得笨手笨脚的,我们需要首先决定这项技能是否是可以教会和学会。如果不是,那么你就需要在面试的时候让申请人当面亲手做实验,或者明确地问他们的推荐人,他们的实验技巧掌握的情况。如果你需要你的学生拥有很好的 IT 技能,那么你需要决定是否你能够提供这方面的教学,或者你需要一个已经拥有 IT 技能的申请人。如果你需要学生擅长古文,那么你必须选择一个受过专业古文训练的人,或者自己提供这方面的辅导,或者从推荐信中找出具备相应能力的证明。换句话说,当你索取推荐信时,要明确自己要从申请人身上寻找什么样的特质,从而可以得到自己需要知道的信息。

其次,我们确实认为研究生需要有强烈的学术追求,而不仅仅是为了取得更高的学位。要获得研究生学位,一个人需要对所学学科充满激情,要有推动本学科知识发展的愿望,而且要能持之以恒。如果学生的简历中记载了许多随意开始而最终又放弃的课程,那么挑选者需要十分谨慎。

第三,研究生需要能够独立地开展工作：挑选者要仔细审查他的简历和推荐信,从中找到候选者能够自主工作的证据。如果学生的第一学位有一篇论文或者一个项目,那么挑选者需要了解申请人喜欢该论文或者项目的程度,特别是他们怎么开展相关的独立工作的。

第四,成功的研究生需要有创新精神,至少他们要有一些自己的想法。测试是否具有创新精神在各个学科中的情况十分不同,但是应该让申请人展示对下一步的研究方向的想法。

第五,研究生需要具有很好的写作能力。询问学生在写作方面的经历以及对这些经历的感想是非常重要的事情。从推荐人处得知学生的写作能力也是很重要的。需要从学生所有的作品中收集有用的信息,这些作品可能是一篇报告、一篇论文,或者任何和学科相关的并且可以得到的材料。许多院系会要求申请人提交一份研究计划表作为申请程序的组成部分。从这份研究计划中其实可以获得很多有用的信息:不仅仅是参选者的独特的思想,更重要的是他或她能够表述这些独特思想且让人为之信服的能力。如果缺少其他的证据,可以让申请人为挑选者写一篇短小的论文,这将会很有用处。

第六,将要开展研究的学生需要批判性地看待前人的工作。所以,通过书面、口头形式或者是面试来了解学生能否用充足的论据对本学科的关键工作提出批判性评价是十分值得的。所谓评价,不是毫无理由地否定现存理论的观点,或者否定研究领域中公认的知识,而是能够进行中肯的评价的能力,以及提出独立论点的意愿。

总之,我们因此建议,应该挑选具有如下特质的研究生:拥有开展研究的专业技能,或者明显能够从研究培训中学到此项本领;学习主动性极高并且能够坚持开展学术研究;能够独立工作;能够撰写论文;并且能够作出关键判断。这些就是我们建议选择的申请人应该具有的个人资质,而理想的申请人应该拥有上述所有的品质。然而,我们却很少能够挑选到如此理想的申请人。在大多数时候,我们会发现自己实际上是在平衡申请人的长处和短处。但是,需要清楚了解的是,聪明的本科生也许能够在本科学习阶段取得优异的学习成绩,但是如果他们不具备我们刚才讨论的这些个人和学术上的特质的话,也并不一定能够成为优秀的研究生。

挑选学生有两个截然不同的方面:为院系挑选学生或者为自己挑选将要指导的学生。这两种模式都可能超出你的控制之外:你可能在一个别人挑选学生然后直接分配给你来指导的地方工作。这样你就可能对分配给你的学生不满意。如果你正被这个问题困扰,请求院系重新考虑宣传、申请和录取的政策和实务，并且充分讨论学生的资助资金来源是个明智的做法。记住重新选拔可能会造成增加学生人数的结果。大多数院系都需要更多的研究生，尤其是海外申请人，以及研究委员会所资助的学生；一个院系工作小组的讨论表面上可能在关注如何增加学生的人数，但这很可能变成谁来挑选学生、为什么要挑选、如何挑选，以及挑选的标准等更深层次讨论的开端。

在一个院系里，如果其他研究组或者你所在的研究组中的资深教授抢走了"最好的"学生，又或者分配给你一些难以指导的学生，你必须搞清楚院系的运作方式如何，其职权结构如何，并寻求能够改变这种情况的建议。最有效的策略就是获得更多的经费，发表高质量的论文，从而提高你的知名度，学生自然会被你的这些特殊之处所吸引。在人文学科或者社会科学院系中，如果你找不到任何研究生能够在你关注的课题上开展研究，那么你很可能需要积极地在即将毕业的优秀本科生当中去选择合适的人，自问：在你开办的讲座或者研讨会中，你是否对你所研究领域的前沿表现出了激情？另外，值得探讨一下，你所在院系的招生政策中是否充分强调了你的专长，并且让申请人看了就很希望做你的学生。如果难处在于申请不到英国经济和社会研究委员会经费去资助优秀的学生，那么你需要做两个调查。第一，在你所在领域找一个人，最好是审查过类似申请的人，来和你一起仔细审查你的资金申请表格，并帮你修改。第二，问问你自己目前是否在研究领域中开展"积极的研究"。如果不是，你需要凭自己的能力获取研究资金并且发表论著，从而对你所研究的领域作出贡献。目前的政策一致认为研究生最好应该分配在有研究经费支持的导师门下，且导师本人正在积极地为学科的发展作出贡献。因此，如果你没有分配到，或者没有招收到你想要的研究生，很有可能是因为你在研究中的积极性不够。在人文学科或者社会科学院系，你可以吸引一些自费的非全日制学生，显然，这总比什么学生都没有好多了。

如果之前不是你挑选的学生被分配给你，你需要看看能不能和他们很好地合作。如果不能，他们应该被分配到别的地方，这也是为他们好。有两种学生会成为比较棘手的问题：一种是由于他们基础不好或者是他们的课题/方法/理论主张的缘故让你感到难以指导的学生，还有一种就是你根本看不惯的学生。如果你极其厌恶或害怕见到某个学生,或学生总让你生气,很难想象如果你天天都在实验室见到他们,又或者在未来的四年内,每周都要见一个小时,那么会是一种什么情况。

事先了解并认识到学生身上那些潜在的难以教导或根本不能教导的特性是非常重要的。这时,难以管教的个人品质应该优先考虑,其次才是学术方面的问题,比如观点、方法、理论主张等等。

案例11.1 女人的偏好

> 萨拉对两种学生很头疼:第一种是那些非常害羞的女学生。这种女学生说话声音很小,会紧张地对萨拉说的什么话都表示同意。第二种是那些参加院系活动经常迟到或者缺席的学生。第一种学生让她变成了一个恶霸:"看在老天的面子上,给我大点声,别担心。"第二种学生会打乱她的条理性,让她无法集中精神在他们的学术工作上面。她正在努力将这两种类型的学生转到更加合适的同事手里。

导师和学生之间可能存在的问题之一就是性别问题。正如对于科学界女性的研究(Gornick 1990 and Zuckerman et al., 1991)和对普遍高等教育性别作用的研究(e.g. Aisenberg and Harrington, 1988; Carter, 1990; Delamont, 1989c; Lie et al., 1994)所揭示的,男女之间建立学术关系不一定那么容易。围绕这个问题有一连串我们称为"男女隔离现象"的问题,认识到这点是非常重要的。很多男性科学家和工程师从未有过女性研究生,或者女同事;很多人文和社会科学学科的女教师从未收过男性博士研究生。男女合校的高等教育相对而言仍然是新现象,而我们在现实生活中并未完全习惯,仍然可以看到有些教员组和研究项目组还仍然全由男性成员组成。

当我们阅读第一批被大学录取的女学生或者女教师的故事时,也许会觉得这已经是陈年旧事了,甚至觉得离奇有趣。这可能要追溯到50到100年之前了(Dyhouse, 1994; Delamont, 1989c)。在某些情况下,相比较而言,女性仍然是新来者。1961年只有兰比特(Lampeter)大学学院招收女生。今天的很多资深的男性大学教授当年还是学生或者初级教员。他们不仅上的是单一性别的学校,参加的也是只有男性参与的社交活动，诸如男子联盟。过去的50年中，英国的白人中产阶级中，男女之间的关系已经发生了重大的变化。在日常生活中，男女现如今已经很自然地"混合"了，以致很多高校的人甚至不知道其他文化中的性别隔离，或知道后对此感到愤怒或不齿。

从导师和学生的角度而言，性别不是阻止良好工作关系建立的唯一个人因素。如果对某个学生有着严重的偏见和反感，并且无法与其和平相处的话，不论偏见和反感的来由和对象，都是很难让学生发挥出自己的最大潜力的。我们没有任何借口对女性、少数族裔持有偏见，也确实不能对特殊学术风格和爱好持有偏见。如果你发现自己持有这样的偏见，最重要的事情就是想办法改变自己的态度和观点。同样的，如果你知道某位同事对研究生申请人或者研究生有这样或那样的偏见的话，那么你或者研究生院院长，或者院系主任，就需要做点什么了。在其间，可以通过谨慎地将学生分配给导师来避免不同做事方法、个性和态度之间的冲突。当然，如果能有一个导师组，而不是一个导师来对学生进行指导的话，那么直接的个人对抗和差别就显得不那么尖锐了。除了学生的个性，还有诸如性别、民族或者性取向等因素也会引发导师与学生的分歧。即使个性容易相处的人，在课题、研究方法和理论方向上也可能引起分歧。对论文题目、研究方法或者理论取向的潜在分歧可能在挑选学生的阶段并不能展现出来，最好还是尽可能挑选优秀的申请人，并且保证按照明确规定的程序来实行院系内部导师更换，且所有的学生都知道这一程序。如果你的院系还没有这样的程序，明智之举是尽快制定程序。很多个性冲突可以通过更换导师解决，而对于研究项目发展的方式存在的分歧也同样得到解决。玛德莲娜(Magdalena)和凯瑟琳(Catherine)的经历就是一个很好的例子。

案例 11.2 更换导师

玛德莲娜·约得(Magdalena Yoder)是教育学的博士研究生，她被分配给了霍兰(Hoyland)博士。最初他们合作相处得很愉快，但是突然玛德莲娜在学术上停滞不前，霍兰博士也非常有挫败感。后来玛德莲娜被换给了斯柏里(Sibley)博士，这也使得玛德莲娜重新振作。霍兰博士也感到非常高兴，同时松了一口气。与之形成对比的是,当凯瑟琳·勒·文卓(Catherine Le Vendeur)想要更换博士生导师的时候,他的导师马格尼奥(Maglione)博士感到受了侮辱,并且非常生气。这也使得凯瑟琳有些内疚。系主任不得不介入,安慰凯瑟琳说她有更换导师的权利。

尽管这本书是为导师而准备的,但是同样我们需要承认学生们攻读研究生学位是有一系列动机的,而且他们最终攻读学位的地方可能不是心目中的理想之地,研究一些他们也不是那么感兴趣的课题。在我们开始构建研究文化之前,我们先展示一些材料,说明了申请人如何最终选择研究生学位课程,从而说明影响他们的"选择"的一系列不同因素。

学生们的观点

关于为什么学生会选择继续深造,如何决定选择考哪个院系和哪位导师的研究生,我们的了解相对较少。我们的地理学研究生向我们展现了多种动机。大多数人选择在自己本科所学的学科上继续深造并攻读博士学位,是出于对该学科的热爱。在我们调查的地理学研究生当中,19人特别提到他们对地理学的热爱,这也是最为常见的动机。里克·莫林(Rick Moliner)是其中一个典型代表,他说:"事实上,这听起来有点傻,但我就是喜欢地理。我很喜欢这个学科。"同样是在博布里奇大学的詹森·英格索尔也表达了相同的观点:

"我从上学开始就一直很喜欢地理,也一直很希望尽自己的能力,继续在地理这个领域研究下去。我想不出别的领域能让我这么着迷,我喜欢地理的一切。"

其他地方的学生也对他们的学科表现出了同样的热情。比如说,托里斯哈斯特的山姆·弗恩尼(Sam Verney)说道,"我发现地理是我真正感兴趣的领域",这点引导他继续攻读博士学位。欧特科贝的维基·麦奎德(Vicky McQuaid)说:"我一直就喜欢我现在研究的学科,对它完全着魔了。正因为喜欢所以想继续研究。"赫恩切斯特的艾利克·舍瓦伦斯(Eric Severance)也说了类似的话:

"我一向对地理非常感兴趣,我也很喜欢写作,我过去对经济学、工业，还有旅游这些内容也非常感兴趣。我想学习地理是一件很好的事情。"

攻读研究生学位还有其他一些原因，以降序排列：他们不想过早地步入劳动力市场；他们希望以后在研究所或者高校工作，而那个职位需要博士学位；除了研究生学位，没有他们更感兴趣的选择了。

学生一旦决定申请攻读研究生学位，并寻找攻读研究生学位的经费支持，就要寻找一个院系、资金和一位导师。在我们实地调查过程中，英国经济和社会研究委员会和英国自然环境研究委员会开始对一些课程完成率低的高校进行处罚。我们抽样调查的很多院系都因为前5年某些时期的不佳表现被这两个机构列入了黑名单，从而无法获得政府津贴。

来自赫恩切斯特的自然地理学家比尔·斯特利（Bill Staley）讲述了他如何选择在赫恩切斯特大学继续深造。他的本科阶段是在托勒舍斯特大学读的。

"本科阶段的第二和第三年我是在卡山德斯（Cassands）教授指导下读的，研究的是自然的危险。我喜欢卡山德斯教授的工作，并且这个研究领域所设计的课程我也很感兴趣……当我决定继续攻读博士学位之时，卡山德斯教授给了我4个他认为我会感兴趣的在业界很有名的导师的名字……我对其中的三位感兴趣——伦敦的卢夫金（Luftkin）教授、雷丁戴乐（Reddingdale）的莱尔-谢夫勒斯（Lisle-Chevreuse）教授，以及赫恩切斯特的巴星顿教授……但是雷丁戴乐大学被列入了黑名单，所以如果我读莱尔-谢夫勒斯教授的研究生的话，恐怕得不到什么经费支持；而卢夫金教授已经退休了。因此我只有选择巴星顿教授了……之后我参加了面试，也喜欢这里的这个学科。"

据我们的调查对象反映，英国经济和社会研究委员会和英国自然环境研究委员会的奖学金是最为强大的促进因素。朱丽安·佩里尼本科毕业于托里斯哈斯特大学，在国外取得了文学硕士学位，然后回到了英国。

"我在托里斯哈斯特读的是地理系，有一次我跟以前的一位老师谈到了继续深造的事情。他建议我申请这里（托里斯哈斯特大学),原因有很多。首先是,这所学校没有在黑名单上,事实上,这所学校刚刚从黑名单中被删除。"

波比利治的埃尔韦拉·帝利(Elvira Tilley)回答了我们"为什么你会选择波比利治大学"这个问题:

"这所学校的确是被列入了黑名单。我来这里参加面试,当时是英国经济和社会研究委员会的一个竞赛奖励。我想得到奖学金,然后去塞瑟翰姆(Southersham)或者托里斯哈斯特大学。这里英国经济和社会研究委员会奖学金是与录取相挂钩的。我被录取了。我当时不能拒绝这个机会,因为其他的机会都还没有保证。"

其他一些学生也得到了研究机构或者某个项目的奖学金,这在他们做出选择的过程中都起到了决定性的作用。帕斯第·施罗德(Patsy Shroeder)本来是想到苏格兰的另外一所高校的,但是她本科就读的韦尔菲瑞大学给了她全额奖学金,所以她回到了母校继续深造。

尽管院系的魅力是非常重要的一个因素,但是地理专业的受访者强调,奖学金在他们选择院系的过程中是最为关键的决定因素。赫恩切斯特的谢里丹·爱尔兰(Sheridan Ireland)说道:

"我的本科是在艾博菲尔德大学(Ebbfield)读的……那么我为什么会选择赫恩切斯特大学呢?因为我欣赏的导师在这所大学,这个院系有着良好的声誉,设备也很齐全,你在那里可以得到充分的支持,这个院系实力雄厚。而且,还有一些社会因素,那就是它的位置很好。英国大学资助委员会(University Grants Committee,简称UGC)对赫恩切斯特的评分很高,而且我在广告上看见,这个院系是英国自然环境研究委员会资助的,而别的地方却没有。"

根据这些数据,我们没有理由相信其他专业的学生和地理专业的学生在院系选择方面考虑的因素有很大的不同。挑选最好的申请人是很重要的,而且要让学生们融入研究团队,参与共享的研究文化中来。

建立研究小组

招收某一专业领域成功的学生,并使得他们融入集体研究项目组的机会在不同专业领域差别很大。在自然科学领域中,研究普遍都是集体开展的,研究生经常被定期分配到各研究项目组。研究生对属于已有研究计划范围的项目进行研究。这些研究的课题往往是研究项目组的资深成员布置的,研究生也是重大项目组的成员,这些项目组还包括博士后以及长期聘用的教师。在人文学科,与之相反,研究生和奖学金的数量可能很少。每个导师可能只有为数几个的研究生,在这样的情况下,研究项目组也自然很少见。人文学科长期存在的个人奖学金的传统,对研究生学习的集体观念产生不利的影响。尽管不同学校、不同院系、不同学科之间的传统和资源差别很大,然而,正如我们所看到的那样,社会和学术上的隔离是很多研究生所面临的一个经常发生的现象。而集体文化是研究生学习的一个宝贵的部分。

在当代英国的院校里,存在着外在的因素推动导师个人和院系采用更具战略性和集体性的观念来看待这个问题。首先,"研究生部"或者"研究生院"本身就被看做是尊敬和成功的一个象征。英国的学者已经越来越理解外在舆论的要求和压力,他们也变得越来越关注研究生和招生机制的健康性,这也成为了考核他们的表现的指标之一。因为这些原因,大多数人已经把招收和培养研究生、为他们提供完备的仪器设备、指导监督他们的进步、推动他们的智力健康看成是学术机构或研究中心整体的中心任务。培养研究生不能仅仅依靠个人的兴趣和赞助。这点我们在其他地方已经有详细的解释(Atkinson and Delamont, 2004)。

有些人认为,如果他们能够与他们的研究生一起参加社会活动,研究文化就会"自然地"建立起来。如果研究生都是同类型的都很年轻且没有孩子的英国年轻人,而且导师跟学生们也很投机,那么这个想法就很可行了。大部分学生喜欢的社交活动,即兴类的比如研讨会后一同去喝点酒,或者事先安排好的活动,诸如全体去看一场话剧或者圣诞节聚餐,都是建立师生间和睦融洽关系的有效办法。然而,有些类型的学生,比如那些已经有年幼的孩子的学生,或者那些不喝酒的学生(比如穆斯林),也许就不能或者不愿意参加这样的活动,或者无法参加这类活动。组织者需要充分关注这类活动的动态,确保在排除(但并不是故意地)那些不能参加或不愿参加的人员的社交活动中,重要事项的处理上均不得搞特殊化。有些女性和少数族裔研究生在撰写自传的时候,常常会写他们感到被排除在团体文化之外。为了保证每个人都能参与到建设研究文化中来，很有必要定期有计划地开展这样的交流活动。

在这一点上我们的建议包括两点：一，将研究生培养工作视为整个系所关心的问题。第二，将研究生们融合成为一个整体。两种方法都可以帮助建立研究文化。在一个有50个甚至更多教员的大系中，下述策略或许可以在科系的层面得到最佳实施，合理的做法也许是：在一个由100名学术人员组成的工程院系中，可以分别在土木工程专业、机械工程专业和电子专业形成一个亚文化群。而另一个极端情况，在一个只有15名成员的历史系，整个系只需合作形成一种研究文化。

对于一个授课者来说，有很多种方法可以引起大家对研究生们的福利和表现的广泛关注。首先，研究生的招生录取事宜、进步和研究成果必须公开，并且定期进行讨论。这就意味着在教工会议和更加专业的小组委员会上，诸如研究委员会或者教学委员会上需要定期进行工作进展汇报。在研究生会议上隔离研究生事务会使得某些人忽视研究生培养。如果有"研究生协调员"，或者同等职能的人员，他需要定期以一种大家都感兴趣的方式来汇报工作。可以通过建立委员会分会来探讨研究生的年度报告或学期报告，让所有的老师，而不仅仅是研究生各自的导师，都能知道所有研究生的情况。从研究型硕士到博士的升级过程是让所有导师都关注全部学生情况的有利时机。内部的评审制度也能够达到让所有的导师都关心所有研究生的目的。在内部评审人的主持下，召开一个教员专题讨论会议，讨论最近考核的论文，也是用来评审集体成果、标准、成功准则等方面的有用平台。

对导师进行定期培训，以及针对考核的定期培训是传播"研究生院"文化的有效措施。如果你的高校已经向导师公布一系列指导方针，那么大约每18个月对其进行讨论是非常有用的。如果你的高校没有这样一个指导方针，那么为你的院系或者教研组制定一套方针是将你的同事们的注意力集中到研究生培养工作上的好办法。

如果教员有本系所有注册的研究生名单、他们的论文题目、他们的指导老师名单的话，会对教员很有帮助。这样的信息可以定期更新，发布在院系的内部简报、网络主页和其他信息来源上。如果院系中还有常常不在院系出现的在职研究生，发布这样的消息尤其会有帮助。这样的信息还可以帮助研究生们彼此认识，也使得作为院系工作组成部分的研究生指导工作更加透明。

研究生们应该定期地向最接近自己研究课题（中世纪研究、法国历史研究、历史计量学研究、女权历史研究）的研究组和整个院系提交研究论文。这个方法尽管很好，但除非鼓励或甚至要求全体教师和其他学生来参加，否则是没有办法传播研究小组文化的。

我们建议用以下的办法来培养研究生们之间的友谊。首先，院系应该为他们提供院系所能提供的最好的仪器设备，确保所有的研究生都知道有这些仪器设备，并鼓励他们使用。第二，对教师指导学生要制定明确的政策，确保学生们知道这些政策，并监督政策的实施。第三，研究生在读时期，向他们提供培训和发展的机会：除了入学第一年必须学习的正式课程之外，为他们安排教育学方面的课程也是非常有益的，提供就业能力培训课程（诸如如何发表论文、撰写会议论文、准备简历、找工作、募集研究资金）和技能提高课程（图书馆查阅课程、IT 技能、写作能力、大学或高等教育政策的改变）。模拟答辩（参考第 9 章）是一项有用的学术发展活动和社会活动：我们发现学生们入学时往往会选择参加全部的三个或四个答辩机会。

除了鼓励或者要求研究生们参加本院系老师们、其他同学以及访问学者举办的院系研讨会之外，还应该允许和鼓励研究生们选择一些校外学者在校外所举行的研讨会（甚至提供邀请一些校外学者来教课的经费支持）。当校外学者来访之时，确保所有的研究生们都能够与其见面是很重要的，而不能仅仅只是在台下做被动的、在研讨会后就悄悄溜走的观众。

只有组织者让所有人都清晰地认识到所有这些活动的重要性和好处，这些活动才能够达到理想的效果。如果一个院系还有博士后和其他研究人员，那么他们也应该参与到这些活动中来。经验丰富的研究人员可以做大量的工作，为研究生们提供日常的建议，同时有效地在研究组中培养研究意识和研究理念。

参考文献

Aisenberg, N. and Harrington, M. (1988) *Women and Academe: Outsiders in the Sacred Grove*, Amherst, MA: University of Massachusetts Press.
Allan, G. and Skinner, C. (eds) (1991) *Handbook for Research Students in the Social Sciences*, London: Falmer.
Allen, R. (2002a) *Spelling*, Oxford: Oxford University Press.
Allen, R. (2002b) *Punctuation*, Oxford: Oxford University Press.
Ashmore, M., Myers, G. and Potter, J. (1994) Discourse, rhetoric and reflexivity, in S. Jasanoff, G. Markle, J. Petersen and T. Pinch (eds) *Handbook of Science and Technology Studies*, London: Sage.
Atkinson, P.A. (1981) *The Clinical Experience: The Construction and Reconstruction of Medical Reality*, Farnborough: Gower.
Atkinson, P.A. (1984) Wards and deeds: Taking knowledge and control seriously, in R.G. Burgess (ed.) *The Research Process in Educational Settings*, London: Falmer.
Atkinson, P.A. (1990) *The Ethnographic Imagination*, London and New York: Routledge.
Atkinson, P.A. (1992) *Understanding Ethnographic Texts*, Thousand Oaks, CA: Sage.
Atkinson, P.A. (1996) *Sociological Readings and Re-Readings*, Aldershot: Avebury.
Atkinson, P.A. and Delamont, S. (1985) Socialisation into teaching: the research which lost its way, *British Journal of Sociology of Education*, 6 (3): 307–22.
Atkinson, P.A. and Delamont, S. (2004) *Building Research Careers and Cultures*, Maidenhead: Open University Press.
Atkinson, P.A., Reid, M.E. and Sheldrake, P.F. (1977) Medical mystique, *Sociology of Work and Occupations*, 4 (3): 243–80.
Bailey, E.P and Powell, P.A. (1987) *Writing Research Papers*, New York: Holt, Rinehart and Winston.
Barr, B. (1984) *Histories of Girls' Schools and Related Biographical Material*, Leicester: The School of Education of the University of Leicester.
Barzun, J. (1986) *On Writing, Editing and Publishing* (2nd edn), Chicago: Chicago University Press.
Bazerman, C. (1988) *Shaping Written Knowledge: The Genre and Activity of the Experimental Article in Science*, Madison: University of Wisconsin Press.
Becher, T. (1989) Physicists on Physics, *Studies in Higher Education*, 15 (1): 3–21.
Becher, T. (1990) *Academic Tribes and Territories*, Milton Keynes: Open University Press.

Becher, T. and Trowler, P. (2001) *Academic Tribes and Territories* (2nd edn), Buckingham: Open University Press.
Becher, T., Henkel, M. and Kogan, M. (1994) *Graduate Education in Britain*, London: Jessica Kingsley.
Becker, H.S. (1986) *Writing for Social Scientists*, Chicago: Chicago University Press.
Becker, H.S. (1990) *The Tricks of the Trade*, Chicago: Chicago University Press.
Becker, H.S., Geer, B., Hughes, E.C. and Stràuss, A.L. (1961) *Boys in White*, Chicago: Chicago University Press.
Berger, A.A. (1993) *Improving Writing Skills*, Newbury Park, CA: Sage.
Bernstein, B. (1996) *Pedagogy, Symbolic Control and Identity*, London: Taylor & Francis.
Billingham, J. (2002) *Editing and Revising Text*, Oxford: Oxford University Press.
Blaxter, L., Hughes, C. and Tight, M. (1998) *The Academic Career Handbook*, Buckingham: Open University Press.
Bolker, J. (1998) *Writing your Dissertation in Fifteen Minutes a Day*, New York: Henry Holt.
Booth, W.C., Colomb, G.G. and Williams, J.M. (1995) *The Craft of Research*, Chicago: Chicago University Press.
Bourdieu, P. (1988) *Homo Academicus*, Cambridge: Polity Press.
Bourdieu, P. and Passeron, J.-C. (1977) *Reproduction*, London: Routledge.
Bourdieu, P. and Passeron, J.-C. (1979) *The Inheritors*, London: Chicago University Press.
Bowen, G. and Rudenstine, N. (1992) *In Pursuit of the PhD*, Princeton, NJ: Princeton University Press.
Brause, R. S. (2000) *Writing Your Doctoral Dissertation*, London: Sage.
British Academy (2001) *Review of Graduate Studies in the Humanities and Social Sciences*, London: The British Academy.
Brown, C. (1982) *The Education and Employment of Postgraduates*, London: Policy Studies Institute.
Brown, G. and Atkins, M. (1988) *Effective Teaching in Higher Education*, London and New York: Methuen.
Brown, P. and Scase, R. (1994) *Higher Education and Corporate Realities*, London: UCL Press.
Burgess, R.G. (1984) *In the Field*, London: Allen & Unwin.
Burgess, R.G. (ed.) (1994) *Postgraduate Education and Training in the Social Sciences*, London: Jessica Kingsley.
Burton, D. (ed.) (2002) *Research Training for Social Scientists*, London: Sage.
Cameron, A. (1989) *History as Text*, London: Duckworth.
Carter, I. (1990) *Ancient Cultures of Conceit*, London: Routledge.
Chicago Manual of Style (2003), Chicago: Chicago University Press.
Clark, Burton R. (ed.) (1993) *The Research Foundations of Graduate Education: Germany, Britain, France, United States, Japan*, Berkeley, CA: University of California Press.
Clifford, J. and Marcus, G.E. (eds) (1986) *Writing Culture: The Poetics and Politics of Ethnography*, Berkeley: University of California Press.
Coffey, A. and Atkinson, P.A. (1996) *Making Sense of Qualitative Data*, Thousand Oaks, CA: Sage.
Cole, J. (1979) *Fair Science*, New York: The Free Press.
Collinson, D., Kirkup, G., Kyd, R. and Slocombe, L. (1992) *Plain English*, Buckingham: The Open University Press.
Connell, R.W. (1985) How to supervise a PhD, *Vestes*, 2, 38–41.

Cook, I. (2001) You want to be careful you don't end up like Ian, in P. Moss (ed.) *Placing Autobiography in Geography*, Syracuse: Syracuse University Press.
Cross, A. (1970) *Poetic Justice*, New York: Avon.
Cryer, P. (2000) *The Research Student's Guide to Success* (2nd edn), Buckingham: Open University Press.
Cuba, L. and Cocking, J. (1994) *How to Write about the Social Sciences*, London: Harper & Row.
CUDAH (2002) *Doctoral Futures*, Leicester: De Montfort University for the Council of University Deans of Arts and Humanities.
CVCP (1985) *Report on Academic Standards* (The Reynolds Report), London: Committee of Vice-Chancellors and Principals.
Day, R.A. (1995) *How to Write and Publish a Scientific Paper*, Cambridge: Cambridge University Press.
Dearing, R. (1997) *Higher Education in the Learning Society* (The Dearing Report), London: National Committee of Inquiry into Higher Education.
Deem, R. and Brehony, K. (2000) Doctoral students' access to research cultures, *Studies in Higher Education*, 25 (2): 149–68.
Delamont, S. (1976) The girls most likely to, *Scottish Journal of Sociology*, 1 (1): 29–43.
Delamont, S. (1989a) Gender and British postgraduate funding policy, *Gender and Education*, 1 (1): 51–7.
Delamont, S. (1989b) Citation and social mobility research, *Sociological Review*, 37 (2): 332–7.
Delamont, S. (1989c) *Knowledgeable Women*, London: Routledge.
Delamont, S. (2002) *Fieldwork in Educational Settings* (2nd edn), London: Falmer.
Delamont, S. (2003) *Feminist Sociology*, London: Sage.
Delamont, S. and Atkinson, P. (1995) *Fighting Familiarity*, Cresskill, NJ: Hampton.
Delamont, S. and Atkinson, P. (nd) Who's Complaining? Narratives and research on the doctoral viva. Unpublished paper.
Delamont, S., Atkinson, P. and Parry, O. (1997a) Critical mass and pedagogic continuity, *British Journal of Sociology of Education*, 18 (4): 533–50.
Delamont, S., Atkinson, P. and Parry, O. (1997b) Critical mass and doctoral research, *Studies in Higher Education*, 22 (3): 319–32.
Delamont, S., Atkinson, P. and Parry, O. (2000) *The Doctoral Experience*, London: Falmer.
Delamont, S., Atkinson, P., Coffey, A. and Burgess, R.G. (2001) *An Open Exploratory Spirit? Ethnography at Cardiff 1974–2001*. Cardiff: School of Social Science Working Paper 20 http://www.cf.ac.uk/socsi/publications/index.html
Diamond, P. and Zuber-Skerritt, O. (1986) Postgraduate researchers: some changing personal constructs, *Higher Education Research and Development*, Vol. 5, 161–75.
Dorner, J. (2002) *Writing for the Internet*, Oxford: Oxford University Press.
Dummett, M. (1993) *Grammar and Style*, London: Duckworth.
Dunleavy, P. (2003) *Authoring the PhD*, London: Palgrave.
Dyhouse, C. (1994) *No Distinction of Sex*, London: UCL Press.
Edge, D. (1979) Quantitative measures of communication in sciences, *History of Science*, 17: 102–34.
Edmondson, R. (1984) *Rhetoric in Sociology*, London: Macmillan.
Eggleston, J. and Delamont, S. (1981) *A Necessary Isolation? a Study of Postgraduate Research Students in Education*, Cardiff: Social Research Unit, Department of Sociology, University College, Cardiff.
Eggleston, J.F. and Delamont, S. (1983) *Supervision of Students for Research Degrees*, Kendal, Cumbria: Dixon Printing Company for British Education Research Association.

Eickleman, D. (1978) The art of memory, *Comparative Studies in Society and History*, 20 (4): 485–516.
Eickleman, D. (1985) *Knowledge and Power in Morocco*, Princeton, NJ: Princeton University Press.
Encarta Concise Dictionary (2001) Student edition, London: Bloomsbury.
Evans, C. (1988) *Language People*, Milton Keynes: Open University Press.
Evans, C. (1993) *English People*, Milton Keynes: Open University Press.
Fleck, L. (1979) *The Genesis and Development of a Scientific Fact*, Chicago: Chicago University Press.
Fox, M.F. (ed.) (1985) *Scholarly Writing and Publishing*, Boulder, Colorado: Westview Press.
Frank, F.W. and Treichler, P.A. (1989) *Language, Gender and Professional Writing*, New York: The Modern Language Association of America.
Galton, M. and Delamont, S. (1976) *Final Report on PhD/PGCE Chemistry Courses*, Leicester: Leicester University School of Education, for the DES.
Gash, S. (2000) *Effective Literature Searching for Research*, Aldershot: Gower.
Gilbert, N. (1993) Writing about social research, in N. Gilbert (ed.) *Researching Social Life*, London: Sage.
Gilbert, N. (2001) Writing about social research, in N. Gilbert (ed.) *Researching Social Life* (2nd edn), London: Sage.
Gilbert, N. and Mulkay, M. (1984) *Opening Pandora's Box*, Cambridge: Cambridge University Press.
Glatthorn, A. (1998) *Writing the Winning Dissertation*, Thousand Oaks, CA: Corwin Press.
Goode, G. and Delamont, S. (1996) Opportunity denied, in S. Betts (ed.) *Our Daughters' Land*, Cardiff: University of Wales Press.
Gornik, V. (1990) *Women in Science*, New York: Simon & Schuster.
Gowers, E. (1986) *The Complete Plain Words* (revised edn prepared by S. Greenbaum and J.Whitart), London: HMSO.
Graff, G. (2003) *The PhD in English*, Menlo Park, CA: Carnegie Essays on the Doctorate http://carnegiefoundation.org/CID/essays/CID_engl_Graff.pdf
Granfield, R. (1992) *Making Elite Lawyers*, New York: Routledge.
Graves, N. and Varma, V. (eds) (1997) *Working for a Doctorate*, London: Routledge.
Gumport, P. (1993) Graduate education and research imperatives: Views from American campuses, in R. Burton Clark (ed.) *The Research Foundations of Graduate Education*, Berkeley: University of California Press.
Hacking, I. (1992) The self-vindication of the laboratory sciences, in A. Pickering (ed.) *Science as Practice and Culture*, Chicago: University of Chicago Press.
Hammersley, M. and Atkinson, P. (1995) *Ethnography: Principles in Practice* (2nd edn), London: Routledge.
Harris, M. (1996) *Review of Postgraduate Education, Volume I: The Report, Volume 2: The Evidence*, Bristol: The Higher Education Funding Council for England.
Hart, C. (2001) *Doing a Literature Search*, London: Sage.
Hartley, J. and Jory, S. (2000) Lifting the veil on the viva, *Psychology Teaching Review*, 9, 76–90.
Hartley, J. and Fox, C. (2004) Assessing the mock viva, *Studies in Higher Education*, 29 (2) forthcoming.
Hayhoe, R. (1984) The evolution of modern Chinese educational institutions, in R. Hayhoe (ed.) *Contemporary Chinese Education*, London: Croom Helm.
HEFCE (2003) *Improving Standards in Postgraduate Research Degree Programmes*, Bristol: HEFCE.

Heyl, B. (1979) *The Madam as Entrepreneur*, New Brunswick, NJ: Transaction Books.
Hockey, J. (1991) The Social Science PhD, *Studies in Higher Education*, 16 (3): 319–32.
Hockey, J. (1994a) Establishing boundaries: problems and solutions in managing the PhD. supervisor role, *Cambridge Journal of Education*, 24 (2): 293–305.
Hockey, J. (1994b) New territory, *Studies in Higher Education*, 19 (2): 177–90.
Hudson, Liam (1977) Picking winners: a case study in the recruitment of research students, *New Universities Quarterly*, 32 (1): 88–106.
Jones, D.J.H. (1993) *Murder at the MLA*, Athens, Georgia: Georgia University Press.
Kadushin, C. (1969) The professional self concept of music students, *American Journal of Sociology*, 75: 389–404.
Katz, J. and Hartnett, R.T. (eds) (1976) *Scholars in the Making*, Cambridge Mass: Ballinger.
Kirkman, J. (1992) *Good Style*, London: Spon.
Kirkman, J. (1993) *Full Marks*, London: Ramsbury.
Lathen, E. (1982) *Green Grow the Dollars*, London: Gollancz.
Lather, P. (1991) *Getting Smart*, London: Routledge.
Latour, B. and Woolgar, S. (1986) *Laboratory Life* (2nd edn.), Princeton, NJ: Princeton University Press.
Leonard, D. (2001) *A Woman's Guide to Doctoral Studies*, Buckingham: Open University Press.
Lie, S.S., Malik, L. and Harris, D. (eds) (1994) *The Gender Gap in Higher Education*, London: Kogan Page.
Lodge, D. (1984) *Small World*, London: Martin Secker & Warburg.
Lynch, M. (1985) *Art and Artefact in Laboratory Science*, London: Routledge.
Manser, M.J. (1990) *Bloomsbury Good Word Guide*, London: Bloomsbury.
Middleton, S. (2001) *Educating Researchers: New Zealand Education PhDs 1948–1998*. NZARE: Wellington.
Miller, C.M.L. and Parlett, M. (1976) Cue-consciousness, in M. Hammersley and P. Woods (eds) *The Process of Schooling*, London: Routledge & Kegan Paul.
Morley, L., Leonard, D. and David, M. (2002) Variations in Vivas, *Studies in Higher Education*, 27 (2): 261–73.
Moses, I. (1985) *Supervising Postgraduates*, Kensington, NSW: Higher Education Research and Development Society of Australasia.
Mosley, W (2000) Holiday is not an option, *The Guardian*, 26 July, 12–13.
Mullins, G. and Kiley, M. (2002) It's a PhD not a Nobel Prize, *Studies in Higher Education*, 27 (4): 369–86.
Murray, R. (2002) *How to Write a Thesis*, Buckingham: Open University Press.
Murray, R. (2003) *How to Survive Your Viva*, Buckingham: Open University Press.
Myers, G. (1990) *Writing Biology: Texts in the Social Construction of Scientific Knowledge*, Madison: University of Wisconsin Press.
Nyquist, J. and Wulff, D.H. (nd) Recommendations from National Studies on Doctoral Education: Re-envisioning the PhD. http://grad.washington.edu/envision/project_resources/national_recommend.html
Olesen, V. and Whittaker, E. (1968) *The Silent Dialogue*, San Francisco: Jossey-Bass.
Pearson, D. (2002) *Pressure Points in Academic Life*, Unpublished PhD Thesis, Cardiff University, Cardiff.
Pechenick, J.A. and Lamb, B.C. (1995) *How to Write About Biology*, London: Harper Collins.
Pert, C. (1997) *Molecules of Emotion*, New York: Simon & Schuster.

Phillips, E.M. (1994) Quality in the PhD, in R.G. Burgess (ed.) *Postgraduate Education and Training in Social Sciences*, London; Jessica Kingsley.
Phillips, E.M. and Pugh, D.S. (2000) *How to Get a PhD* (3rd edn), Buckingham: Open University Press.
Phillips, S.U. (1982) The language socialisation of lawyers: acquiring the 'cant', in G. Spindler (ed.) *Doing the Ethnography of Schooling*, New York: Holt, Rinehart & Winston.
Porter, M. (1984) The modification of method in researching postgraduate education, in R.G. Burgess (ed.) *The Research Process in Educational Settings*, London: Falmer.
Potter, S. (ed.) (2002) *Doing Postgraduate Research*, London: Sage.
QAA (2001) *The Framework for Higher Education Qualifications in England, Wales and Northern Ireland*, London: The QAA.
Rhind, D. (2003) *Great Expectations: The Social Sciences in Britain*, London: The Academy for the Learned Societies in Social Sciences.
Richardson, L. (1990) *Writing Strategies*, Newbury Park, CA: Sage.
Ritter, R.M. (2002) *Oxford Guide to Style*, Oxford: Oxford University Press.
Roberts, G. (2002) *SET for Success*, London: HEFCE.
Rudd, E. (1984) Research into postgraduate education, *Higher Education Research and Development*, 3 (2): 109–20.
Rudd, E. (1985) *A New Look at Postgraduate Failure*, Guildford SRHE and NFER Nelson.
Rudestam, K.E. and Newton, R.R. (2001) *Surviving your Dissertation* (2nd edn), London: Sage.
Ryan, Y. and Zuber-Skerritt, O. (eds) (1999) *Supervising Postgraduates from Non-English Speaking Backgrounds*, Buckingham: Open University Press.
Salmon, P. (1992) *Achieving a PhD*, Stoke on Trent: Trentham Books.
Sayers, D.L. (1972) *Gaudy Night*, London: Gollancz.
Schwartz, M. (1995) *Guidelines for Bias-Free Writing*, Bloomington: Indiana University Press.
Scott, S. (1985) Working through the contradictions in researching postgraduate education, in R.G. Burgess (ed.) *Field Methods in the Study of Education*, London: Falmer.
Scott, S. and Porter, M. (1980) Postgraduates, sociology and cuts, in P. Abrams and P. Leuthwaite (eds) *Transactions of the BSA*, London: British Sociological Association.
Scott, S. and Porter, M. (1983) On the bottom rung, *Women's Studies International Forum*, 6 (22): 211–21.
Scott, S. and Porter, M. (1984) Women and research, in S. Acker and D. Warren-Piper (eds) *Is Higher Education Fair to Women?*, London: SRHE.
Seely, J. (2002a) *Words*, Oxford: Oxford University Press.
Seely, J. (2002b) *Writing Reports*, Oxford: Oxford University Press.
Smith, D. (1994) A Berkeley Education, in K.P.M. Orlans and R.A. Wallace (eds) *Gender and the Academic Experience*, Lincoln, NE: University of Nebraska Press.
Spradley, J.P. and Mann, B.J. (1975) *The Cocktail Waitress*, New York: Wiley.
Spradley, J.P. (1979) *The Ethnographic Interview*, New York: Holt, Rinehart & Winston.
Spradley, J.P. (1980) *Partipant Observation*, New York: Holt, Rinehart & Winston.
Startup, R. (1979) *The University Teacher and His World*, Farnborough: Saxon House.
Tesch, R. (1990) *Qualitative Research: Analysis Types and Software Tools*, London: Falmer.

Tinkler, P. and Jackson, C. (2000) Examining the Doctorate, *Studies in Higher Education*, 25 (2): 167–80.
Tinkler, P. and Jackson, C. (2004) *The Doctoral Examination Process*. Maidenhead: Open University Press.
Torrance, M.S. and Thomas, G.V. (1994) The development of writing skills in doctoral research students, in R.G. Burgess (ed.) *Postgraduate Education and Training in the Social Sciences*, London: Jessica Kingsley.
Traweek, S. (1988) *Beamtimes and Lifetimes*, Cambridge, Mass: Harvard University Press.
Turabian, K. (1937) *A Manual for Writers of Research Papers, Theses and Dissertations*, Chicago: Chicago Press.
Turabian, K. (1982) *A Manual for Writers of Research Papers, Theses and Dissertations* (British edn), London: Heineman.
Turabian, K. (1995) *A Manual for Writers of Research Papers, Theses and Dissertations* (6th edn), Chicago: University of Chicago Press.
UKCGE (2000) *Research Training for Humanities Postgraduate Students*, Leeds: Dialhouse for the UK Council for Graduate Education.
UKCGE (2002) *Professional Doctorates*, Leeds: Dialhouse for the UK Council for Graduate Education.
Valli, L. (1986) *Becoming Clerical Workers*, New York: Routledge.
Vartuli, S. (ed.) (1982) *The PhD Experience*, CBS: New York.
Wakeford, J. (1985) A director's dilemmas, in R.G. Burgess (ed.) *Field Methods in the Study of Education*, London: Falmer.
Walford, G. (ed.) (2002) *Doing a PhD in the Sociology of Education*, London: JAI Press.
Wallace, R. (1994) Transformation from sacred to secular, in K.P.M. Orlans and R.A.Wallace (eds) *Gender and the Academic Experience*, Lincoln, NE: University of Nebraska Press.
Whittlesea, C. (1995) *Pharmacy doctoral students: thesis writing skills and strategies*. Unpublished MScEcon thesis, University of Wales College of Cardiff.
Wilkinson, R. (1964) *The Prefects*, London: Oxford University Press.
Winfield, G. (1987) *The Social Science PhD* (2 volumes), London: Economic and Social Research Council.
Wiseman, J.P. (1994) New perspectives, new freedoms, in K.P.M Orlans and R.A. Wallace (eds) *Gender and the Academic Experience*, Lincoln, NE: University of Nebraska Press.
Wolcott, H.F. (1990) *Writing up Qualitative Research*, Newbury Park, CA: Sage.
Wolf, M. (1992) *A Thrice Told Tale: Feminism, Postmodernism and Ethnographic Responsibility*, Stanford: Stanford University Press.
Woods, P. (1986) *Inside Schools*, London: Routledge.
Woods, P. (1996) *Researching the Art of Teaching*, London: Routledge.
Wright, J. (1992) *Selection, Supervision and the Academic Management of Research Leading to the Degree of PhD*. Unpublished PhD thesis: University of Nottingham.
Young, K., Fogarty, M.P. and Mcrae, S. (1987) *The Management of Doctoral Studies in the Social Sciences*, London: Policy Studies Institute.
Young, L.J. (2001) Border Crossing and Other Journeys, *Educational Researcher*, 30 (5): 3–5.
Zerubavel, E. (1999) *The Clockwork Muse*, Cambridge, MA: Harvard University Press.
Zuber-Skerritt, O. and Ryan, Y. (eds) (1994) *Quality in Postgraduate Education*, London: Kogan Page.
Zuckerman, H., Cole, J.R. and Bruer, J.T. (eds) (1991) *The Outer Circle*, New York: W.W. Norton.

译后记

近年来，我国高校研究生的招生规模不断扩大，到2009年秋季，全国在校硕士生人数将突破100万，博士生人数也将接近20万，从数量规模上看，稳居世界第一。如此庞大的研究生规模，对研究生导师的指导方法和指导水平提出了新的要求。如何有效地指导研究生，是当前一个迫切需要解决的问题。

英国开放大学出版社出版的《给研究生导师的建议》一书，是一本在欧美大学中具有较大影响的研究生导师教学参考书，写得深入浅出，有很多鲜活的案例，令人耳目一新，不但受到研究生导师的喜爱，而且也备受广大研究生的欢迎。

尽管不同学科的导师在指导研究生方面有各自的特点，但研究生在入学、课程学习、论文写作和答辩、寻找工作等过程中遇到的许多问题是有共性的，因此，指导研究生也有共同的原则和方法可以学习和遵循。

本书针对研究生培养过程的共同问题，以过程管理为核心，详细讲述了指导研究生的一般原则和方法。相信这些原则和方法，对我国的研究生培养具有学习和借鉴作用。

本书在翻译过程中得到过许多人的帮助。伯克利加州大学心理系终身教授，清华大学心理系特聘教授、系主任彭凯平博士审阅了全书译文，对外经贸大学外国语学院许德金教授、北京大学软件工程国家中心刘红燕博士给予了热情帮助，北京大学出版社刘军博士、责任编辑泮颖雯女士为本书译稿做了大量编辑、加工工作。在此表示衷心感谢！

最后，我还要特别感谢北京大学张国有副校长、北京大学研究生院王仰麟副院长、北京大学社科部萧群副部长以及石河子大学的领导，感谢他们长期以来对我的关怀和帮助。

翻译是一项高标准、严要求的工作。尽管译者本人尽了最大努力，但由于水平和时间的限制，译文一定存在不当之处，敬请读者不吝指正。

译者

版 权 声 明

Sara Delamont, Paul Atkinson and Odette Parry
Supervising the Doctorate: A guide to success, Second edition
ISBN: 0-335-21263-8
Copyright © 2004 by McGraw-Hill Education.
All Rights reserved. No part of this publication may be reproduced or transmitted in any form or by any means, electronic or mechanical, including without limitation photocopying, recording, taping, or any database, information or retrieval system, without the prior written permission of the publisher.
This authorized Chinese translation edition is jointly published by McGraw-Hill Education and Peking University Press. This edition is authorized for sale in the People's Republic of China only, excluding Hong Kong, Macao SAR and Taiwan.
Copyright © 2009 by The McGraw-Hill Education and Peking University Press.

版权所有。未经出版人事先书面许可，对本出版物的任何部分不得以任何方式或途径复制或传播，包括但不限于复印、录制、录音，或通过任何数据库、信息或可检索的系统。

本授权中文简体字翻译版由麦格劳-希尔(亚洲)教育出版公司和北京大学出版社合作出版。此版本经授权仅限在中华人民共和国境内(不包括香港特别行政区、澳门特别行政区和台湾)销售。

版权© 2009 由麦格劳-希尔(亚洲)教育出版公司与北京大学出版社所有。

本书封面贴有 McGraw-Hill Education 公司防伪标签，无标签者不得销售。